Inhalt

Für Vreni

Vorwort

Manchmal hält das Leben Zufälle bereit, die so unglaubwürdig sind, dass man sie aus jedem Buchmanuskript herausstreichen würde. Als Christiane Rösel mir vor einiger Zeit erzählte, dass demnächst eine große Veränderung für sie und ihren Mann ansteht, weil sie in die Nähe von Stuttgart ziehen würden, interessierte mich, wohin sie genau ziehen würden. Denn ich selbst wohne zwar seit einigen Jahren mit meiner Familie in Hamburg, bin aber in einem kleinen schwäbischen Dorf in der Nähe von Stuttgart aufgewachsen. Wie sich herausstellte, kannte ich das Dorf, in das sie ziehen würden, nicht nur vom Hörensagen – es war mein Heimatdorf –, und ihr neues Haus lag nur zehn Minuten Fußweg von meinem Elternhaus entfernt! Das war kurios! Zumal ich direkt nach dem Abitur drei Jahre in Cuxhaven – in Christianes Geburtsstadt – gelebt habe ... So haben wir gewissermaßen unsere Heimat getauscht – Nord gegen Süd. Nur mit dem Unterschied, dass ich mit der jugendlichen Aufbruchs- und Entdeckerfreude einer 19-Jährigen direkt nach dem Abitur Richtung Norden gezogen war – und Christiane ein intensiv gelebtes Erwachsenenleben mit wertvollen Freundschaften in der alten Heimat zurückließ, um im Süden einen ganz neuen Lebensabschnitt zu beginnen.

Ich finde es bewundernswert, wie ehrlich Christiane sich diesem Veränderungsprozess stellt, der nicht immer leicht ist! Mutig und offen benennt sie, was ihr daran schwerfällt – und fröhlich feiert sie neue Perspektiven, die sie sich erobert. Genau wie Christiane denke ich: »Wir lernen am meisten voneinander, wenn wir ehrlich auf unserem Weg sind und vor anderen auch zu unserem Schmerz, unseren Verlusten und zu unseren offenen Fragen stehen.« Deshalb finde ich es gut, dass sie dieses Buch nicht aus dem sicheren Abstand von zehn Jahren geschrieben hat, sondern uns beim Lesen Anteil gibt, wie sie mit den Veränderungsprozessen umgeht, in denen sie ganz aktuell steckt. Es tut gut zu lesen, womit sie – und die anderen Autorinnen in diesem Buch – kämpfen, worüber sie sich freuen und was noch Zeit braucht. Aber vor allem auch, was sie bei all den Veränderungen Gutes gelernt und erfahren haben.

Melanie Carstens
Chefredakteurin JOYCE

Wer hätte das gedacht?

»Haben Sie ein aktuelles Thema und können Sie sich vorstellen, dazu etwas zu schreiben?«, wurde ich im Herbst 2014 gefragt. Und ob ich ein Thema hatte! Aber ganz sicher wollte ich dazu nichts schreiben, schließlich steckte ich mittendrin – und tue es bis heute! Das Lebensthema, das mich seit einiger Zeit umtreibt, heißt: »Veränderung«. Irgendwie habe ich das Gefühl, dass alles gleichzeitig passiert, und zwar auf allen Ebenen. Bevor ich also etwas dazu schreiben würde, wollte ich es unter den Füßen haben. Wenigstens ein bisschen.

Aber dann ließ mich die Anfrage nicht los: Lag darin nicht auch eine Chance? Würde das Schreiben mir nicht vielleicht helfen, die Veränderungen in meinem Leben zu bewältigen? Und vielleicht würden manche meiner Fragen auch anderen Menschen helfen – viel mehr, als glatte Antworten es könnten?

Gesagt, getan – und so ließ ich mich darauf ein. Doch nicht nur das: Impulsiv, wie ich bin, erzählte ich es auch sofort einigen Freundinnen und Freunden. Nun gab es kein Zurück mehr! Dann aber betrachtete ich meinen Alltag und dachte: »Nein, so was will doch keiner wissen!« So schwach und dunkel hatte ich mein Leben bisher noch nie erlebt. Ich fand mich schlicht nicht mehr zurecht.

Was ist passiert? Nachdem wir 22 Jahre unseren Lebensmittelpunkt in Marburg hatten, sind wir Weihnachten 2014 an den Rand der Schwäbischen Alb gezogen. Dabei hatte meine geheime Abmachung mit Gott stets gelautet: »Südlich der Rhein-Main-Grenze ist Schluss!« Hier endet nämlich abrupt meine sprachliche und vielleicht auch sonstige Anpassungsfähigkeit – dachte ich jedenfalls. Vermutlich hätte ich es deutlicher sagen sollen. Denn auf einmal war es so weit: Mein Mann hatte eine neue Stelle angetreten. Nach intensivem Prüfen und Beraten waren wir zu der Entscheidung gekommen: »Wir machen uns gemeinsam auf den Weg!« Soweit zumindest der Entschluss. Ich hatte also Ja zu diesem Schritt gesagt – und jetzt musste er gelebt werden. Doch mit meinen norddeutschen Wurzeln stand ich dabei nicht nur vor einer Herausforderung, sondern vor einem echten Problem: Eine neue Kultur, eine neue Sprache – Linsen mit Spätzle statt Nordseescholle.

»Eine neue Kultur, eine neue Sprache – Linsen mit Spätzle statt Nordseescholle.«

Hinzu kam, dass unser jüngster Sohn in Marburg blieb, um dort Abitur zu machen. Und so endete auch meine Lebensphase als Mutter, in der ich direkt für unsere Kinder zuständig war. Ja, unsere Kinder fehlen mir, und dass ich mit Anfang 50 auch noch hormonell in den berühmt-berüchtigten Wechseljahren stecke, macht das Ganze nicht leichter. Ehrlich – das wäre nicht nötig gewesen! Manchmal hatte ich den Eindruck, dass mein Mann abends vorsichtig den Kopf durch die Tür steckte, um herauszufinden, wie er mich antrifft. Das war nicht immer lustig – für ihn nicht, aber für mich auch nicht.

In den ersten Monaten nach dem Umzug hatte ich immer wieder das Gefühl: »Ich will mein altes Leben zurück! Das war doch gar nicht so schlecht.« Doch dafür war es jetzt zu spät. Die Tatsachen waren geschaffen: Hier war jetzt mein neues Zuhause! »Zuhause« – das klang komisch für etwas, das sich mehr als fremd anfühlte. Aber etwas Entscheidendes passierte in dieser Phase: Zum ersten Mal nahm ich so richtig wahr, für wie viele Menschen »Veränderung« ein Thema ist. Und das oft viel einschneidender, als ich es gerade erlebte. Von Marburg an den Rand der Schwäbischen Alb zu ziehen ist doch ein

Klacks, wenn ich mich mit der Freundin vergleiche, die von Hanoi nach Ewersbach gezogen ist. Auch wenn ich bisher nur in Ewersbach und noch nie in Hanoi war, habe ich den Verdacht, dass sie deutlich mehr verkraften muss. Wie sie damit umgeht, werden Sie später noch lesen können. Oder wenn ich an die Freundin denke, die Jahr für Jahr und von Kontrolle zu Kontrolle bangt, ob ihre Krebserkrankung wieder ausgebrochen ist und erneut ihr Leben völlig durcheinanderwirbelt.

Veränderung ist also offenbar immer wieder einmal ein Thema in unserem Leben. Und immer wieder stellt sie uns dabei vor kleine oder auch größere Fragen, die beantwortet werden wollen:

- ⇨ Was sind eigentlich Veränderungen?
- ⇨ Wie schaffen Menschen es, Veränderungen zu bewältigen?
- ⇨ Was kann und muss ich selbst tun, welche Prozesse brauchen aber einfach auch Zeit?
- ⇨ Was bedeutet das für die grundlegenden Lebensfragen – und was für die Alltagsbewältigung?
- ⇨ Was mache ich mit den Fragen, Schwierigkeiten und mit Lasten, die ich nicht verändern kann?
- ⇨ Und was macht das alles mit meinem Glauben?

Um diese Fragen soll es in diesem Buch gehen. Aber nicht nur um sie und auch nicht nur um meine Geschichte. Denn beim Nachdenken und Schreiben habe ich immer mehr entdeckt, wie viel (und nicht selten auch wie viel Schwereres) andere zu bewältigen haben. Mein erster Gedanke war dann oft: »Was sind im Vergleich dazu schon meine Herausforderungen?« Der zweite und viel hilfreichere Gedanke jedoch lautete: »Wieso muss ich das bewerten?« Vielmehr möchte ich aufmerksam fragen, möchte hinschauen: »Was hat anderen geholfen? Was kann ich davon lernen?« Aus diesem Grund erzählen auch einige andere Frauen in diesem Buch ihre ganz persönliche Veränderungsgeschichte und wie sie ihre Fragen jeweils für sich beantwortet haben, wie z. B.: »Wie war das, als es den sicher geglaubten Arbeitsplatz auf einmal nicht mehr gab?« Oder: »Was passiert, wenn Träume platzen?« Und auch: »Wie kann ich damit umgehen, wenn es so ganz anders kommt als erwartet?« – Allesamt spannende Geschichten, die mich selbst berühren und ermutigen.

»Wer nichts riskiert, kann nicht mal scheitern!«

»Wer nichts riskiert, kann nicht mal scheitern!« Diesen Satz hörte ich von einer Frau, die sich spontan entschlossen hatte, einige Wochen alleine den Jakobsweg in Deutschland zu pilgern. »Wenn ich es nicht versuche, werde ich nicht herausfinden, ob es klappt!« Für mich ist dieser Satz zu einem Motto für meinen persönlichen Veränderungsweg geworden. Wenn nicht jetzt, wann dann? Es gibt sicher manche Situationen und Herausforderungen, die ich nicht meistern werde, wenn ich es nicht mal versuche. Ganz ehrlich: Das fällt mir nicht leicht! Wie gerne hätte ich vorneweg die Garantie, dass es funktioniert. Aber ich sage mir trotzdem: Sicher bin ich nicht – aber ich will es versuchen!

Frühling 2016
Christiane Rösel

Aufbruch

Auftrag und Zumutung
Geborgenheit und Lockruf
Zuflucht und Wagnis
Grenzen überschreiten –
Risiken eingehen
sitzen bleiben gilt nicht
Gott sagt zu mir:
»Ich bin der – ich bin da!«
Schutz in der Weite

1.
Mut ist die Initialzündung zur Veränderung

»Was kann ich, was will ich? Und wofür soll mir mein Leben eine Gelegenheit sein?«

»Nur wer die Angst kennt, kann auch mutig sein.« (Unbekannt)

»Mut ist die Initialzündung zur Veränderung!« Dieser Satz stammt von dem Kabarettisten und »Berufs-Ermutiger« Johannes Warth. 2008 habe ich ihn auf einer Veranstaltung erlebt und jeden seiner Sätze aufgesogen. Ich konnte mir zu diesem Zeitpunkt zwar nicht vorstellen, dass seine Strategien funktionieren würden, aber versuchen wollte ich es. Zu dieser Zeit war ich Anfang 40 und hatte mich gerade durch ein Pädagogik-Studium gekämpft und es erfolgreich mit Diplom abgeschlossen. Nun war ich dabei, mich auf unterschiedliche Stellen zu bewerben und hatte die ersten Absagen kassiert. Das ernüchterte mich ziemlich. Die Beraterin beim Arbeitsamt hatte zwar schon angekündigt, dass es vermutlich länger dauern würde, bis ich eine Anstellung finden würde – aber ich glaubte ihr nicht, sondern dachte: »Der beweise ich's!« Doch sie sollte leider recht behalten.

Und dann kam dieser Abend mit Johannes Warth! Für mich kam er goldrichtig, denn er gab mir den nötigen Anschub: »Ja, ich will es versuchen!« Tapfer bewarb ich mich also weiter und führte Vorstellungsgespräche. Puh, das war schon eine Nummer! Meine letzten Bewerbungen lagen eine gefühlte Ewigkeit zurück. Was hatte sich in der Zeit nicht alles verändert! Ich bin noch immer erstaunt darüber, wie sehr man sich inzwischen präsentieren muss – vor allem aber, wie toll man sich selbst finden muss. Dieses »Sich-anbieten-Müssen« fand ich gar nicht leicht. In der Regel leide ich nicht an zu wenig Selbstkritik, eher im Gegenteil. Aber das sollte und wollte hier niemand wissen. Und so war es schon ein Erfolg, überhaupt zu Vorstellungsgesprächen eingeladen zu werden – und dann klappte es am Ende doch nicht. Ich war ziemlich entmutigt: »Was jetzt?«, fragte ich mich. »Hat sich die ganze Anstrengung überhaupt gelohnt?«

»Was kann ich? Was will ich? Und wofür soll mir mein Leben eine Gelegenheit sein?«

Diese »Warteschleife« hat mich mehr als Kraft gekostet. Aber sie hat mir auch geholfen – vielleicht nicht auf den ersten, aber auf den zweiten Blick. Ich habe nämlich noch mal angefangen, mir sehr grundsätzliche Gedanken zu einigen Fragen zu machen: »Was kann ich?«, »Was will ich?«, »Und wofür soll mir mein Leben eine Gelegenheit sein?« Was daraus geworden ist, erzähle ich Ihnen später. Auf jeden Fall war es nicht das erste Mal und ich vermute, wohl auch nicht das letzte Mal, wo ich Mut besonders nötig hatte.

Damit befinde ich mich übrigens in guter Gesellschaft. Ich habe großen Respekt vor Menschen, die noch ganz andere Dinge wagen, als ich es musste. Wie zum Beispiel ein junger Theologe aus unserer ehemaligen Lebensgruppe an der Evangelischen Hochschule TABOR Nun arbeitet er bereits seit einiger Zeit als Missionar im Nordosten Brasiliens. Noch kurz vor seiner Ausreise schrieb er, wie schwer es ihm fiele loszulassen. Das fing bei ganz praktischen Dingen wie seinem Mountainbike an, das einfach nicht dorthin passt und schon gar nicht in einen Container nach Übersee. Aber auch im Blick auf die Menschen, die er zurücklassen musste: Geschwister, Freunde, Eltern, Gemeinde. Wie viele Tränen er wohl vergossen hat? Doch nie werde ich seine Worte im Aussendungsgottesdienst vergessen: »Ich muss es einfach tun!«

Was verbirgt sich wohl alles hinter einem solchen »Muss«? Wie ist das, wenn meine Pläne noch mal gründlich auf den Kopf gestellt werden? Und ist es eigentlich irgendwann geschafft, das mit der Veränderung? Oder blüht es mir vielleicht immer wieder, dass sich Dinge nicht nur ein bisschen, sondern vielleicht auch ganz grundlegend verändern in meinem Leben? Und auf einmal gewinnt eine biblische Geschichte ganz neu Bedeutung für mich: die Geschichte Abrahams.

Geh aus deinem Land!

Stellen Sie sich die Szene einmal vor: Da sitzt ein 75-jähriger Nomade vor seinem Zelt und auf einmal spricht Gott zu ihm: »Geh aus deinem Vaterland und von deiner Verwandtschaft und aus deines Vaters Hause in ein Land, das ich dir zeigen werde!« (1. Mose 12,1). Wenig später lesen wir, dass Abraham seine sieben Sachen packt und loszieht. Stopp! Wir wissen wohin – doch er hatte keine Ahnung. Mir das immer wieder bewusst zu machen tut mir gut. Bei vielen biblischen Geschichten denke ich doch oft am Anfang das Ende schon mit. Ich weiß also auch hier bereits, wie es ausgeht – doch Abraham wusste es nicht. Überlegen Sie mal, was ihn wohl beschäftigte: »Was sagt meine Familie? Wie reagieren die Nachbarn? Und wie erkläre ich das meiner Frau?« Abraham verlässt alles, was er hat, was ihm vertraut ist und wo er zu Hause ist, weil Gott ihn anspricht, mit ihm spricht und ihm seinen Segen zuspricht: »Und ich will dich zum großen Volk machen und will dich segnen und dir einen großen Namen machen, und du sollst ein Segen sein!« (1. Mose 12,2). Was für eine tolle Aussicht! Die Sache hat nur einen Haken: Sara, seine Frau, ist unfruchtbar. So aufgeklärt war man auch damals schon, dass man wusste, dass das eine echte Hürde ist.

Was für eine Zumutung! Was Abraham hat, das weiß er: Heimat, Verwandtschaft (auch wenn sie ist, wie sie ist), Freunde. Das alles soll er aufgeben für eine unsichere Zukunft? Und wer ist eigentlich dieser Gott, der das alles sagt? Eine Frage, die auch ich mir in den letzten Wochen immer wieder gestellt habe: »Gott, wer bist du eigentlich und was willst du von mir?« Und auch diese: »Wie ist das, wenn ich alles auf eine Karte setze?« In solchen Momenten kommt mir so manches Lied im Gottesdienst mehr als vollmundig vor: »Wenn alle mich verlassen, bist du noch da.« Das ist schön, aber reicht es auch? Kann ich das, will ich das? Nun will ich meine Situation nicht übermäßig dramatisieren; aber trotzdem will ich diese Fragen und Zweifel ernst nehmen. Und nicht erst dann, wenn ich vermute, dass es gut ausgeht für mich, sondern auch mitten in der Unsicherheit. Also fange ich noch mal an, ganz neu zu fragen: »Gott, wer bist du? Und was bedeutet es eigentlich, dass du mich segnest?«

»Ich will dich segnen, und du sollst ein Segen sein!« Mit diesen Worten taucht Gott ganz plötzlich im Leben Abrahams auf. Damit setzt er einen neuen Anfang. Warum gerade Abraham und seine Familie? Gab es Alternativen? Wir wissen es nicht. Was zeichnet

Abraham aus? Auch davon lesen wir nichts. Wie gut! Eigene Qualitätskriterien und mögliche Voraussetzungen scheiden damit offenbar von vornherein aus. Wie anders ist es, wenn wir von Abraham sprechen. Da ist doch meistens sehr schnell von seinem Glauben und Vertrauen die Rede, oder? Gottes Geschichte mit Abraham beginnt jedoch damit, dass er ihn segnet. Im Segen verbündet sich Gott mit ihm, verpflichtet sich ihm und sich selbst gegenüber. Und: Er gibt ihn einfach so, ohne Voraussetzungen unsererseits – Abraham damals, aber auch Ihnen und mir heute!

Diese Verheißung steht also über unserem Leben. In ihr erfahren wir, was Gnade ist: »Nicht erringen müssen, wovon man letztlich lebt«, so formulierte es einmal der Theologe Fulbert Steffensky. Empfangen, nicht erringen müssen. Wie wunderbar! Wieso aber fällt uns das, was doch so entlastend ist, oft so besonders schwer? Wie viel lieber tue ich etwas, als es an mir geschehen zu lassen. Steckt da vielleicht in einem Winkel meines Herzens noch ein Rest Überheblichkeit gegenüber Gott, ganz nach dem Motto: »Ich weiß ja schon, dass du es ohne mich kannst. Aber bist du nicht doch froh, dass es mich gibt«? Erst Entscheidungssituationen, in denen ich mich hilflos fühle, machen mir einmal mehr deutlich: Das, was wirklich zählt, kann ich nur empfangen. Und wenn dieses Empfangen und Ruhen in der Liebe Gottes nicht den Boden bildet, auf dem ich stehe, werde ich weiter endlos herumzappeln und werde das Gefühl nicht los, dass es eben doch nicht genügt. Aber es genügt! Gott hat Ihnen und mir sichtbare Zeichen für seinen Bund mit uns gegeben: So spricht er uns zum Beispiel in der Taufe seine Gnade zu und im Abendmahl erinnert er uns immer wieder daran, was er für uns getan hat: »Christi Leib, für dich gegeben. Christi Blut, für dich vergossen.« Dabei geschieht etwas an mir.

Zeichen werden mir geschenkt – und ich lerne mehr und mehr, sie zu schätzen. Die freikirchliche Gemeindetradition, die mich geprägt hat, ist ja überwiegend eine Wort-Tradition, in der die Predigt im Mittelpunkt steht. Elemente wie die Tauferinnerung, das Abendmahl wirklich zu feiern oder auch der persönliche Segenszuspruch werden dort in der Regel etwas stiefmütterlich behandelt.

»Gerade in Umbruchsituationen wie jetzt helfen sie mir diese Wort-Zeichen: Ja, das gilt mir!«

Aber gerade in Umbruchsituationen helfen mir diese Wort-Zeichen. Ich begreife: »Ja, das gilt mir!« Und auch wenn ich es manchmal nicht fassen kann, will ich es doch an mir geschehen lassen. Will die Gaben empfangen und auch meinen Glauben noch einmal empfangen. Will warten lernen, will Vertrauen einüben mit sichtbaren Zeichen, die Gott mir schenkt.

Auf einem Wochenende für Frauen, das ich regelmäßig gestalte, üben wir genau das miteinander ein: Am Ende des Gottesdienstes, als Segen für den Weg, haben wir einige Tische im Raum vorbereitet, wo für die Frauen nicht nur gebetet wird, sondern wo sie, wenn sie es möchten, auch gesalbt werden. Das Kreuz, das ihnen mit Öl auf die Hand oder die Stirn gezeichnet wird, stellt sie in besonderer Weise unter den Segen Gottes. Sichtbare Zeichen, die Gott uns anvertraut, Segen zu empfangen und miteinander zu teilen. »Ich will dich segnen, und du sollst ein Segen sein!« Diesen Zuspruch brauche ich – immer neu für meinen Alltag, ganz besonders aber in außergewöhnlichen Situationen, Fragen und Herausforderungen.

Und dann gibt es noch etwas, was mir wirklich guttut: Neben dieser Ermutigung, die Gott mir schenkt, indem seine Worte noch einmal ganz neu lebendig werden, sind es auch die ganz konkreten Erfahrungen anderer Menschen, die mir weiterhelfen. Einige kleine solcher »Ermutigungszeichen« haben mir meine Hauskreisfreunde aus Marburg mitgegeben: Bei meinem Abschiedsabend haben sie mir einen kleinen rosafarbenen Stein geschenkt. Das an sich ist ja nichts Außergewöhnliches. Aber das, was sich damit verbindet, ist es. Sie sagten: »Wir geben dir einen Stein mit. Da hinein legen wir – jede und jeder – eine persönliche Erfahrung: ›Was hat mich stark gemacht?‹, ›Was hat mir innere Stärke vermittelt in einer Situation, in der ich sie besonders gebraucht habe?‹ Diese Erfahrungen geben wir dir mit auf deinen Weg, hinein in deine Herausforderungen.« Und wirklich: Diese Geschichten sind für mich zu einem echten Schatz geworden! Sie haben mich ermutigt und getröstet.

Darum dachte ich mir, es wäre sicher gut, wenn auch in diesem Buch andere Menschen mit ihren Geschichten zu Wort kommen. Also habe ich einige Frauen gebeten, ihre ganz persönliche Veränderungsgeschichte zu erzählen. Hier nun eine erste.

Veränderung: In wie viel Not hat nicht der gnädige Gott …

Es ist der 1. November 2015.
Ich sitze nachdenklich im Gottesdienst meiner Heimatgemeinde. Die Begrüßung und ersten Lieder erreichen mich nicht wirklich. Morgen wird mein Mann eine neue Arbeitsstelle antreten – 450 Kilometer weit entfernt. Wie wird das gehen? Und ich habe ab morgen in Thüringen eine Fastenwoche mit spirituellen Impulsen zu begleiten. Eigentlich freue ich mich schon auf diese Zeit des Innehaltens vor Gott nach den hektischen Aktionen der letzten Tage. Aber ich muss noch so viel vorbereiten. Plötzlich höre ich überdeutlich eine Zeile aus einem altvertrauten Lied, das die Band mir von vorne entgegensingt: »In wie viel Not hat nicht der gnädige Gott über dir Flügel gebreitet …« In Sekun-

denbruchteilen stehen mir wichtige Ereignisse meines Lebens vor Augen:

Ich bin zwei Jahre alt – und meine Mama ist plötzlich weg!
Ein Gehirntumor zwingt die Ärzte zu schnellem Handeln: Kopfoperation, Chemotherapie, anschließend langer Kuraufenthalt. Der klinisch-strenge Geruch von Krankenhäusern löst noch lange danach Brechreiz bei mir aus. Zu Hause braucht meine Mama viel Hilfe, ihr Gleichgewichtszentrum ist bei der Operation verletzt worden. Ich werde mit nur drei Jahren ihre Stütze.

Was ist der Sinn des Lebens?
Als ich neun Jahre alt bin, frage ich meinen Opa: »Was passiert eigentlich, wenn ich sterbe?« »Kommste inne Kiste, kommen die Würmer, fressen dich auf«, ist seine knappe Antwort. Mit dieser frustrierenden Perspektive will ich mich nicht zufriedengeben. Im Gegenteil: Meine Frage nach mehr und nach Gott wird immer stärker. Dann zieht eine Christin in unsere Straße und lädt mich zur Kinderstunde ein. Es ist einfach großartig: Sie malt mir die biblischen Geschichten so vor Augen, dass ich mittendrin bin. Nach einigen Wochen erfüllt sich meine Sehnsucht: Ich kann mein Leben in Jesus verankern – und erzähle jetzt selbst den jüngeren Kindern von Gott.

Gebete erfüllen sich.
In einer netten Freundesclique fühle ich mich sehr wohl. Aber ich traue mich nicht, dort zu meinem christlichen Glauben zu stehen. Dann lerne ich in meiner Wandergruppe einen Kollegen kennen. Wir verstehen uns auf Anhieb richtig gut. Zum Schluss sagt er mir, dass er versucht, sein Leben als Christ zu führen. Das ist für mich die Antwort auf meine Gebete! Er wird so etwas mein geistlicher Lehrer und Vertrauter. Drei

Jahre später heiraten wir und gehen zur Bibelschule, um unser Leben ganz Gott zur Verfügung zu stellen.

Berufung in die Suchtkrankenarbeit.
Mein Mann und ich können uns gut eine seelsorgerlich-missionarische Arbeit im Ausland vorstellen. Aber dann werden verschiedene Allergien bei ihm diagnostiziert. In diese Situation hinein erleben wir unsere Berufung in die Suchtkrankenarbeit. Das erscheint mir als die schwierigste Arbeit überhaupt, weil ich durch meine Schwiegereltern schon viel über den Umgang mit Suchtkranken erfahren habe. Aber dann sind es – trotz vieler Rückfälle, die wir miterleben – wunderbare Jahre mit kostbaren Menschen, die sich durch Gottes Liebe und gute fachliche Begleitung verändern.

Ich kann nicht Mutter werden – aber: Wunder gibt es immer wieder!
Nach einigen Jahren Ehe können wir uns gut vorstellen, Kinder zu bekommen. Aber es klappt nicht. Wir holen ärztlichen Rat ein – und erhalten nach diversen Untersuchungen die Auskunft, dass wir zu 99 Prozent keine Kinder bekommen werden. Ich trauere und hadere mit Gott, dass ich nicht Mutter werden darf. Ein halbes Jahr später bin ich plötzlich schwanger. Ein großes Wunder und Geschenk. Unsere Tochter ist gesund und munter. Gott sei Dank!

Leben und Leiden mit einem behinderten Kind.
Neun Monate später bin ich wieder schwanger. Wunderbar! Nach dem Glücksgefühl das Erschrecken direkt nach der Geburt: Unser Sohn hat diverse Behinderungen, bekommt schon mit drei Tagen den ersten Gips, ist ständig in ärztlicher Überwachung und ich muss mit ihm intensive und aufwendige krankengymnastische Übungen absolvieren. Am besten jeden Tag dreimal, jeweils eine Stunde. Eine totale Überfor-

derung! Das Leben mit einem behinderten Kind behindert die Beziehungen der ganzen Familie. Vieles ist nicht mehr unbeschwert möglich – und das Diktat von Ärzten und Krankengymnastik ständig präsent. Irgendwann bemerke ich, dass mein Mann lieber im Büro bleibt, als nach Hause zu kommen. Ein erster Knacks in unserer ansonsten recht harmonischen Ehe...

Das Aus unserer Ehe nach 28 gemeinsamen Jahren.
Als mein Mann mir sagt, dass er sich in eine andere Frau verliebt hat und mit ihr noch mal neu beginnen möchte, bin ich völlig fertig. Ich weine nächtelang und kann mir das Leben überhaupt nicht mehr vorstellen. Am liebsten würde ich ins Kloster gehen – ja, einfach verschwinden, das wäre das Beste! Zum Glück habe ich eine Freundin, mit der ich über alles reden kann. Und Gott schleudere ich bei meinen Waldrunden mein Unverständnis und meinen Zorn entgegen: Warum hat er das zugelassen? Das Gute bei allem Schmerz: Wir können uns schließlich in Wertschätzung und sogar in freundschaftlicher Liebe voneinander lösen.

In christlichen Kreisen aussortiert.
Also, meine Idee war das nicht mit der Trennung! Trotzdem habe ich das Gefühl, dass nur ich die Folgen ausbaden muss: Ich darf nicht mehr in den verschiedenen Gemeindegruppen und -kreisen mitarbeiten, die ich bisher mit viel Liebe betreut habe. Ich fühle mich abgestempelt, aussortiert, verurteilt. Und das nur, weil ich irgendwann wieder einen Mann kennenlerne. Wir können uns eine gemeinsame Zukunft vorstellen – obwohl wir beide »verletzte Seelen« sind durch die Trennungen, die wir beide erlebt haben. Was soll ich tun? Ich möchte doch einfach nur eine Frau sein, die Gott von Herzen dient mit ihrem Leben! ... –

Sind wirklich nur ein paar Sekunden vergangen, seit diese »Bildergeschichte« an meinem inneren Auge vorbeigezogen ist? Und dabei ist es nur ein kleiner Ausschnitt der kleinen und großen Katastrophen meines Lebens! Ich spüre, wie mir die Tränen in die Augen steigen und herauskullern. Aber neben der Trauer über die Brüche meines Lebens bin ich vor allem unendlich dankbar: Mein Vater im Himmel war in all den schönen und schmerzlichen Situationen bei mir. Er hat mich immer gehalten, geliebt, getröstet, gestärkt und getragen. Ja, es stimmt: »In wie viel Not hat nicht der gnädige Gott über dir Flügel gebreitet.«

N. N.

2.
Veränderung – das will doch keiner! Oder vielleicht doch?

Sich elastisch und anpassungsfähig den Fragen und Herausforderungen stellen – so könnte es gehen.

»An Gott mich klammern, das ist meine Kraft!«
(Augustinus)

»Das ist wirklich toll, sich noch mal neu einzurichten, neue Leute kennenzulernen und einen neuen Ort!« Sie hatte richtig leuchtende Augen! Doch ich dachte nur: »Ich fasse es nicht! Was bitte ist denn daran toll?« Meine Freundin ist ein Umzugsprofi. Ich habe vergessen, wie oft sie umgezogen ist, aber die Zahl ist gigantisch hoch. Als Tochter von Missionaren und als Frau eines Predigers war der regelmäßige Wechsel Teil ihres Alltags. – »Man kann Veränderungen also auch gut finden!« Dieser Gedanke hat mich zuerst einmal wirklich überrascht. Wie unterschiedlich Menschen doch Situationen und Herausforderungen erleben! »Natürlich ist manches in der neuen Wohnung nicht so ideal, da musste ich mich erst dran gewöhnen«, sagt sie. »Andererseits haben wir einen großen Garten, das ist auch schön!« Und ich dachte: »Denken vielleicht andere auch so?« Und wenn ja: Was kann mir helfen, mit der neuen Situation zurechtzukommen? Was muss ich ändern, um sie einmal ganz anders zu betrachten?

- ⇨ Statt mit angezogener Handbremse alles Neue skeptisch zu beäugen – neugierig darauf zuzugehen.
- ⇨ Statt rückwärtsgewandt vor allem zu betrauern, was nicht mehr ist – dankbar zurückzuschauen.
- ⇨ Statt vorher festzulegen, was auf jeden Fall passieren muss, damit es gut ist – Überraschungen erwarten.

So könnte es also gehen: Sich elastisch und anpassungsfähig den Fragen und Herausforderungen des Lebens stellen. Experten nennen das »Resilienz« oder auch »innere Stärke«. Und mit einem Mal fühle ich mich ertappt: Hatte ich nicht selbst schon des Öfteren einen Vortrag zum Thema »Innere Stärke« gehalten und ihn sogar mit vielen praktischen Beispielen gespickt? Und jetzt? War das alles nur schnöde Theorie gewesen? Oder konnte mir mein eigener Vortrag nicht auch selbst helfen, meine aktuelle Veränderung zu bewältigen?

Gibt es so etwas wie Veränderungskompetenz?

Einige Wochen vor unserem Umzug sitze ich mit meiner Freundin Doro in unserem Wohnzimmer. Von Zeit zu Zeit haben wir solche »Standortbestimmungs-Gespräche« – und dieses Mal ist es wirklich nötig. Denn gerade beschleicht mich das Gefühl: »So geht es nicht! Das ist nicht zu schaffen!« Aber ist das wirklich so? Natürlich ist es viel: Der berufliche Neueinstieg meines Mannes inklusive einige Monate Wochenendbeziehung. Dann die Umzüge der Kinder an ihren

Studienort, dazu die eigene Umzugsplanung, die Arbeit in der Redaktion und mein Reisedienst – kurzum, der ganz normale Alltag! Und obendrauf der Abschiedsschmerz, der sich immer wieder meldet. Das ist schon ein ganz schönes Paket! Irgendwie habe ich auf ihr Mitleid gehofft. Ich bekam es auch – aber nicht nur: »Christiane, deine gewohnten Strategien passen in dein bisheriges Leben. In der Zeit des Umbruchs werden sie nicht funktionieren. Wenn du weiter alles im Griff haben willst und zu jeder Zeit einen geordneten Überblick brauchst, wird es nicht klappen. Überleg also mal: Welche gewohnten und über Jahre eingeübten Mechanismen helfen dir, deine aktuellen Herausforderungen zu bewältigen? Und was musst du vielleicht verändern?« – Das hatte mir gerade noch gefehlt! Wenn mir etwas Sicherheit gibt, dann dass ich so gerne plane. Und am liebsten ist es mir natürlich, wenn dann auch möglichst alles nach Plan läuft. »Ja, das ist auch eine gute Kernkompetenz«, meinte Doro, »aber das kann und darf nicht alles sein. Du wirst auf Überraschungen gefasst sein müssen – und sie am besten gleich auch lieben lernen, damit es funktioniert. Und wer weiß: Vielleicht ist das alles doch ein echter Zugewinn für euer Leben!«

Darüber habe ich lange nachgedacht: Wie ist das? Hatte Doro recht? Lag in all dem nicht auch eine echte Chance, nicht nur äußerlich, sondern vor allem auch innerlich etwas zu verändern? Wie viel Veränderungskompetenz kann ich jetzt und heute lernen?

Wie Neues gelingt. Oder: Die Kraft aus der Krise

Kann man Veränderungskompetenz lernen? Kann man Kräfte entwickeln, die man eigentlich gar nicht für möglich hält? Sie im Leben anderer wahrzunehmen beeindruckt mich. Jetzt aber ist mit einem

Mal eine ganz persönliche Lektion dran. Die Kraft nehme ich ja gerne – aber geht das nicht auch einfacher? Mehr als einmal wünsche ich mir schlicht, einfach mal eine Runde auszusetzen. Wieso müssen wir eigentlich immer lernen?

Manchmal beschleicht mich auch die Angst: »Wenn ich das hier schon nicht schaffe, was mache ich, wenn irgendwann größere Herausforderungen auf mich zukommen?« Ein ernüchternder Gedanke, der auch deutlich macht, dass innere Stärke nicht eine Art Teflon-Schicht ist, die, wenn man sie einmal erworben hat, sich dann für alle Zeiten auf meine Seele legt. Kein Schutzschild also, durch den von jetzt an alles an mir abperlt, sondern wohl eher ein dynamischer Prozess, der erst in der Herausforderung entsteht und sich weiterentwickelt. Niemand wird mit diesen Kräften geboren und wer es einmal geschafft hat, ist nicht automatisch geschützt. Und: Diese Kraft wächst immer erst in der Krise selber, ähnlich wie ich nötige Abwehrkräfte erst bekomme, wenn ich bestimmten Krankheitserregern ausgesetzt war.

Heute würde ich ganz vorsichtig zu sagen wagen: Ja, es verändert sich etwas in der Art und Weise, wie ich mit diesen Fragen umgehe. Nicht als fester Besitz und auch nicht so, dass ich den Eindruck hätte, ab sofort alles im Griff zu haben. Es sind weniger gewisse, als vielmehr tastende Schritte nach vorn. Und trotzdem gehe ich sie. Dieses »Trotzdem« hängt für mich stark mit der Frage zusammen: »Wozu machen wir das? Noch einmal alles hinter uns lassen und neu anfangen?« Wir haben uns dafür entschieden, mit diesem Wechsel einen Beitrag dazu zu leisten, in unterschiedlicher Art und Weise »die Bibel zu den Menschen zu bringen«! Daran möchte ich auch jetzt festhalten – wenn auch im Moment nur mit dem Kopf. Denn vermutlich geht es nur so. Und ich fange an, diese Schritte der inneren Stärke für meinen Weg der Veränderung noch einmal ganz neu durchzubuchstabieren.

»Ich fange an, diese Schritte der inneren Stärke für meinen Weg der Veränderung noch einmal ganz neu durchzubuchstabieren.«

Das werden wir schon schaffen: Optimismus

Ein wesentliches Merkmal innerer Stärke ist eine optimistische Grundhaltung. Nein, es ist nicht alles nur toll – aber auch nicht so schlecht, wie ich es mir manchmal einrede. Schnell wird bei ungewollten Veränderungen das Alte glorifiziert. Doch bei Tageslicht betrachtet, gab es da auch nicht nur Gutes. Jetzt einen Stopp zu setzen, statt weiter zu grübeln und mir zu überlegen: »Was ist jetzt eigentlich gut?« Oder auch: »Wie vieles haben wir auch schon gemeistert! Darf uns das nicht zuversichtlich machen, dass wir es auch jetzt schaffen?«, kann äußerst hilfreich sein. Welchen Gedanken gebe ich Raum in meinem Leben? Wie wäre es denn, wenn ich ihn den zuversichtlichen schenke? Das bedeutet ja nicht, das Schwierige schönzureden. Aber es dominiert auf diese Weise nicht mehr alles.

Nimm das Leben, wie es ist: Akzeptanz

Ich zähle nicht, was ich verloren habe, sondern was mir geblieben ist! Veränderungen und ein vielleicht schmerzhafter Abschied stehen schnell unter dem Vorzeichen: »Das habe ich jetzt alles nicht mehr! Darauf muss ich verzichten!« Wenn ich so denke, mache ich innerlich immer wieder einen Rückzieher und arbeite mich an meinen inneren Widerständen ab: »Was habe ich mir nur dabei gedacht? Jetzt kann ich nicht mehr zurück. Die Würfel sind gefallen – die Entscheidung ist getroffen.« Doch irgendwann stelle ich mir die Frage: »Was passiert, wenn ich so weitermache?« Natürlich kann ich das tun, aber dann werde ich in der neuen Situation nie ankommen. Darum versuche ich ganz langsam das Annehmen einzuüben, indem ich mir immer wieder einmal sage: »Hier bin ich – und hier möchte ich auch sein!« Klingt gut – war und ist aber ein längerer Weg. Vor allem ist es zunächst ein Weg, den ich mit dem Kopf zurücklege. Fühlen tue ich es noch nicht. Und doch – irgendwie verändert sich auch etwas in meiner Gefühlswelt, wenn auch nicht schlagartig.

Eine neue Normalität: Neue Ziele setzen

Es gibt Situationen, in denen sich von einem auf den anderen Tag alles schlagartig verändert. Darauf kann ich mich nicht vorbereiten, das lässt sich nicht trainieren. Ziele, die wir uns gesteckt haben, passen auf einmal nicht mehr. Sehr genau erinnere ich mich an einen Fernsehabend in der Familie. Es ist Dezember 2010 und wir schauen »Wetten, dass ..?« Vor der nächsten Wette gibt es ein Interview mit einem sportlichen und sehr sympathischen jungen Mann. Doch wenige Momente später verunglückt Samuel Koch vor laufender Kamera und ist seitdem querschnittsgelähmt. Von jetzt auf gleich haben sich all seine Pläne zerschlagen. Heute führt er ein ganz anderes Leben, als er es sich vorgestellt hat. Doch das wirklich Erstaunliche daran ist, dass er sagt, er sei »dankbar«. Mittlerweile tourt er im Rollstuhl als Schauspieler und Buchautor durch die ganze Republik. Eine neue Normalität – und was für eine! Doch die wäre ohne neue Ziele nicht möglich gewesen.

Raus aus dem Schneckenhaus: Die Opferrolle verlassen

Dabei hätten wir doch alles Verständnis der Welt, wenn sich dieser junge Mann zurückziehen würde, oder? Was für ein Schicksalsschlag! Und vermutlich gibt es auch für ihn manche müden Stunden, in denen er das Gefühl hat: »Wie soll, wie kann ich das bloß schaffen?« Trotzdem macht er sich auf einen Weg. In diesem »Trotzdem« liegt wohl ein wichtiger Schlüssel, der so manche Sperre auf dem Weg der Veränderung öffnet. Es gibt manches, das würden wir uns nicht so aussuchen – aber wir machen trotzdem weiter. Jemand hat das einmal als »Fairness unserer Wahrnehmung« bezeichnet.[1] Und tatsächlich: Es ist dieser Versuch eines fairen, eines ausgewogenen Blickes, der etwas in meinem Herzen verändert. Dann schaue ich mein Leben noch einmal neu an: »Was ist mir alles geschenkt?« Diese Zeit der Verunsicherung hätte ich mir selbst nicht ausgesucht. Aber gerade in dieser Zeit erlebe ich die Nähe Gottes noch einmal ganz besonders. Solange ich sicher in meinem vertrauten Umfeld unterwegs bin, rückt Gott schnell in den Hintergrund. In Zeiten der Verunsicherung dagegen bricht eine ganz neue Sehnsucht in meinem Herzen danach auf, ihn zu hören. Mit aller Kraft klammere ich mich an so manch mutmachenden Satz, wie zum Beispiel an die alte Liedzeile: »Ohne dich, wo käme Kraft und Mut mir her?« Und immer wieder mache ich die Erfahrung, dass gerade diese unsicheren und schwachen Zeiten mich in besonderer Weise mit anderen Menschen verbinden. So schrieb mir zum Beispiel nach einem Frauenwochenende eine Teilnehmerin: »Gott hat mich durch euch beschenkt. Am kostbarsten war dabei für mich, dass ihr den Mut hattet, obwohl Gott euch offensichtlich begabt und befähigt hat, auch über eure Grenzen, Zweifel, Spannungen, Herausforderungen und Nöte zu sprechen. Ein Lied drückt es so aus: ›In brokeness you shine ...!‹ Danke, dass ihr euch verletzlich gemacht habt und mich so getröstet habt!«

Verantwortung übernehmen

»Verantwortung übernehmen?« Was denn sonst? Ich bin eine erwachsene Frau, natürlich übernehme ich die Verantwortung für mein Leben. Aber dann gibt es auch die Momente, wo ich die Verantwortung gerne abgeben würde. Aktuell ertappe ich mich bei diesem Gedanken immer wieder meinem Mann gegenüber: »Du bist schuld, wegen dir bin ich jetzt hier!« Wie einfach – aber auch wie unfair! Und es ist ja nicht das erste Mal in meinem Leben, wo ich mich damit auseinandersetzen muss. Vieles ist wirklich gut gelaufen, aber da gibt es auch Punkte, mit denen ich immer mal wieder zu kämpfen habe. Das Leben ist nicht gerecht. Das erfährt jede und jeder auf seine ganz eigene Weise. Aber selbst wenn andere und ihre Handlungen dafür verantwortlich sind, dass ich mit einer Sache zu kämpfen habe, wird sich erst dann etwas ändern, wenn ich selbst die Verantwortung für mich, meine Gefühle und mein Leben übernehme. Vieles von dem, was geschehen ist, kann und werde ich nicht mehr ändern. Doch wie ich damit umgehe, das liegt in meiner Verantwortung. Und wenn ich sie nicht übernehme, kann ich zumindest hinsichtlich einer Sache ganz sicher sein: dass sich nichts verändert!

Umgib dich mit Verbündeten

Und nun zu meinem Lieblingsschritt auf dem Weg zu innerer Stärke: Bleib nicht allein! Denn als Menschen sind wir »Resonanzwesen«, wie es der Soziologe Harmut Rosa ausdrückt. Kaum etwas ist für uns so wichtig wie das Gefühl, mit anderen verbunden zu sein – als Mensch gesehen und anerkannt zu werden. Gerade in Krisenzeiten ist diese Erfahrung unendlich wertvoll. Geteiltes Leid ist halbes Leid und geteilte Freude ist doppelte Freude – so ist es! Als die US-amerikanische Entwicklungspsychologin Emmy Werner Ende der 1950er-Jahre die Ureinwohner der hawaianischen Insel Kauai untersuchte und eine Langzeitstudie durchführte, war das ihre wesentliche Erkenntnis: Zwei Drittel der Kinder, die in schwierigen Verhältnissen aufwuchsen, entwickelten sich so schlecht wie befürchtet. Ein Drittel aber schaffte es, einen normalen Beruf zu ergreifen, gesunde Beziehungen zu führen und das Leben zu meistern. Der Schlüssel? Diese Kinder hatten wenigstens eine Vertrauensperson, die sie unterstützte: Geschwister, eine Großmutter, eine Lehrerin oder ein Pfarrer.

Auch mich hat die Ermutigung durch alte und neue Freunde aufgefangen. Es waren nicht unendlich viele – und zu einigen ist der Kontakt durch unseren Wohnortwechsel auch abgebrochen. Das ist ohne Frage schmerzlich. Andere hingegen sind intensiver geworden und auch neue sind dazugekommen.

Darum: Umgib dich mit Verbündeten, besonders in Zeiten der Veränderung!

Mit Ausdauer durch das Leben

Vielleicht ist das eine der wesentlichen Erfahrungen der Lebensmitte: »Das Leben ist kein Sprint, sondern ein Marathon.« Deshalb tun wir gut daran, uns unsere Kräfte gut einzuteilen. Mit Ausdauer durchs Leben zu gehen heißt auch, dass manchmal Umwege und Irrwege dazugehören – was uns zugleich lehrt, die kleinen Schritte noch einmal neu wertzuschätzen und auch den Weg selbst. Und uns zu fragen: Was hält und trägt auf diesem Weg?

Mit Ausdauer durch das Leben bedeutet auch, manchen Entwicklungen die Zeit zu geben, die sie brauchen. Das fällt mir persönlich gar nicht leicht. Ich muss mich dem Neuen stellen, andererseits aber den Veränderungen die Zeit geben, Wurzeln schlagen zu können. Die Düsseldorfer Psychotherapeutin und Autorin Johanna Müller-Ebert drückt es so aus: »Jeder größere Baum braucht zwei bis sechs Jahre, bis seine Wurzeln so verankert sind, dass er damit beginnen kann, starke Äste auszubilden und sich auszubreiten. Es braucht Zeit, bis er zum ersten Mal zum Blühen kommt, Früchte trägt und stark genug wird, um auch heftigeren Stürmen standzuhalten. Wenn Sie etwas gefunden oder gewählt haben, brauchen Sie Zeit, um sich Schritt für Schritt auf das Neue auszurichten.«[2]

Entwicklungen Zeit geben und gleichzeitig konkrete Schritte gehen – all das gehört zur inneren Stärke oder Resilienz. Wie schön wäre es, wenn sich manches davon sofasitzend von allein ergäbe! Dummerweise (oder sollte ich besser sagen: glücklicherweise) ist dem nicht so. Und wenn ich es richtig sehe, ist jeder Mensch zu dem einen oder anderen Schritt in der Lage. Wichtig ist, dabei immer wieder mal den eigenen Standort zu bestimmen, um Fortschritte auch wahrzunehmen. Fragen wie: »Was gelingt mir schon gut?«, »Wo liegt meine ganz persönliche innere Stärke?« und auch: »Was ist abrufbar, wenn ich es brauche?«, bilden eine gute Grundlage für weitere Veränderung. In einem zweiten Schritt gilt es dann zu schauen, wo und wie neuen Gedanken Raum gegeben werden kann. Etwas zu versuchen, was man bisher noch nicht probiert hat. Langsam, aber sicher die vertraute Komfortzone zu verlassen, um zu sehen, ob es nicht auch anders geht.

Zum Glück jedoch muss ich nicht nur gehen – ich werde auch getragen. Nicht alles hängt von mir und meinem Vermögen ab. Doch wer oder was trägt in Zeiten der Veränderung?

Äußere Fragen, innere Bilder: Was trägt in Zeiten der Veränderung?

Spannenderweise benutzt eine Freundin ebenfalls das bereits beschriebene Bild eines Baums, der verpflanzt wird, um mir etwas mit auf den Weg zu geben. Sie schreibt: »Kann man einen 50-jährigen Baum noch verpflanzen? Die verzweigten Wurzeln einfach ausreißen und an einem neuen, so anderen Standort wieder einpflanzen? Muss er nicht notgedrungen Schaden nehmen, eingehen – gibt es nicht einen Wachstumsstillstand? Wird er nicht seine Blätter und Früchte verlieren oder gar einen Wurzelschaden nehmen? Bei einem Baum wären 50 Jahre doch recht viel und ein Umzug müsste gut überlegt werden. Denn der Baum hatte ja nur den einen Standort. Also müsste man ihm einen großen Radius alte Erde mit intakten Wurzeln mitgeben, damit er eine Chance hätte, am neuen Ort weiterzuleben. Doch was beim Baum recht kompliziert und schwierig wäre, ist bei uns Menschen möglich! Auch wenn die Wurzeln in der gewohnten Umgebung stark verzweigt sind, kann er sich herauslösen und lässt sich in eine andere Umgebung neu einpflanzen Aber er braucht Kraft dazu, er muss mitmachen, muss es wollen, muss die Prozesse bejahen und unterstützen. Von selbst geschieht nichts. Und: Er muss sich warm einpacken, braucht den Schutz gewohnter Erde, braucht Behutsamkeit beim Loslassen und Einpflanzen, braucht Geduld mit sich und mit den anderen, braucht Mut für das Wagnis, sich auf Neues einzulassen, braucht Neugier und Entdeckerfreude, braucht die Kraft zur Bewältigung einsamer Heimwehstunden und Spaziergängen ganz alleine. Doch der Lohn wird sich einstellen: mit neuer Heimat, mit Horizonterweiterung und Zugewinn von neuem Lebensraum und Lebensmöglichkeiten, neuen Beziehungen und Gotteserfahrung.«

Jede Veränderung beginnt mit einem ersten Schritt

Wenn Sie Ihren Veränderungsprozess anschauen, welcher der aufgeführten Schritte ist in diesem Moment für Sie dran? An welchem Punkt befinden Sie sich? In den ersten Monaten in der neuen Umgebung musste ich wirklich kämpfen. Manchmal sogar mit jedem einzelnen Tag. »Was habe ich mir nur dabei gedacht?«, habe ich mich oft gefragt, und auch: »Würde ich mich wieder so entscheiden?« Mir war schon klar, dass ich auch etwas dazu tun musste, um anzukommen. Doch gleichzeitig hatte ich das Gefühl: »Selbst wenn ich es will – es geht irgendwie nicht!«

Mein Mann erinnerte mich währenddessen unermüdlich an die vielen schönen Dinge: Die tollen Freizeitmöglichkeiten – so oft wie jetzt waren wir in unserem ganzen Leben noch nie in der Therme gewesen! Skilanglauf kann man hier fast vor der Haustür. Und dann die vielen tollen Einkaufsmöglichkeiten. Doch trotz all dieser Pluspunkte war das ein ziemliches lautes »Ja, aber« in meinem Herzen. Und immer wieder beschlich mich das Gefühl, dass ich mich um eine Tatsache herumzudrücken versuchte, nämlich dass ich diese Veränderung ja gewollt hatte (oder ihr zumindest zugestimmt hatte). Also musste ich nun auch dazu stehen! Fand ich. Aber so einfach war das nicht: Ich wollte es zwar sagen – aber es ging nicht. Jedenfalls nicht richtig. Und auch jetzt, ein Jahr später, würde ich noch nicht behaupten, dass ich es geschafft hätte. Aber langsam halte ich es für möglich, dass es gelingt. Doch wo finde ich die Sicherheit und den Schutz, mit dem das möglich wird?

Wieder sagt mir ein Bild mehr als viele Worte: Ich habe die Künstlerin Conny Grzywa, mit der ich seit einigen Jahren zusammenarbeite, gebeten, eine Skulptur für mich zu gestalten, die mich durch diese turbulenten Zeiten trägt. Als kreativer Ausgangspunkt sollte ein Vers aus einem meiner Lieblingspsalmen dienen:

»Fürwahr, meine Seele ist still und ruhig geworden
wie ein kleines Kind bei seiner Mutter;
wie ein kleines Kind, so ist meine Seele in mir.«
Psalm 131,2

Stellen Sie es sich einmal vor: Ein gestilltes Kind an der Brust seiner Mutter – genährt, getröstet, beschützt. Dieses Bild öffnet mir die Tür zu einer neuen Gotteserfahrung: Geborgen und verwurzelt zu sein in der Nähe Gottes. Dort erlebe ich die mütterliche Seite des himmlischen Vaters, dort wird meine tiefste Sehnsucht gestillt.

»Dieses Gestilltsein öffnet den Raum für eine neue Gotteserfahrung. Dort erlebe ich die mütterliche Nähe des himmlischen Vaters.«

Aber auch diese Erfahrung macht man nicht von jetzt auf gleich, sondern auch sie stellt sich erst ein, wenn man unterwegs ist. Wir haben die Skulptur in mein Arbeitszimmer gestellt. Immer wieder schaue ich sie an. Immer wieder sage ich meiner Seele: »So ist Gott – und so ist er auch zu mir!« Das ist es, was ich an den Psalmen so liebe: Mit großer Selbstverständlichkeit reden die Psalmbeter mit ihrer Seele, diskutieren mit ihr, sagen ihr etwas Freundliches, aber sie klagen auch – und das gar nicht selten! Genau das möchte von den ersten Betern dieser Worte lernen und mitnehmen. Manchmal muss ich dazu vielleicht auch etwas deutlicher werden: »Nun hör mal gut zu, liebe Seele!« Das ist Seelsorge an der eigenen Seele. Ich darf nicht in erster Linie von anderen erwarten, dass sie mich versorgen. Natürlich tut das gut, lasse ich mir das auch gerne gefallen. Aber es ist auch wichtig, meiner Seele selbst eine gute Seelsorgerin zu sein.

Schon im Entstehungsprozess der Skulptur spiegelt sich mein ganz persönlicher Veränderungsprozess: Ich hatte Conny gebeten, sie aus Apfelholz zu fertigen. Die Wärme und Maserung dieses Holzes gefällt mir ganz besonders. Gar nicht so leicht, ein passendes Stück zu finden, doch schließlich ist es ihr gelungen. Als die Skulptur dann endlich fertig war, wollte sie trotz mehrmaligen Streichens das Schutzöl nicht annehmen. Erst eine spezielle Mischung machte es dann möglich. So mir nichts, dir nichts war das also nicht zu machen! Es braucht Zeit und die richtige Pflege, bis es passt – und manches sträubt sich am Anfang auch. Also alles ein bisschen wie im wirklichen Leben. Veränderungen sind immer ein ganz persönliches Thema. Aber nicht nur. Darum wird es gleich gehen. Doch zunächst eine weitere Veränderungsgeschichte.

Veränderung: Veränderung – auch wenn ich gar nicht will!

Alles begann mit dem Tod unserer Ahne, der Großmutter meines Mannes. Als wir merkten, dass ihr Leben zu Ende geht, kam in unserem Familiengefüge etwas ins Wanken. Ein Leben ohne unsere geliebte Ahne konnten wir uns nicht vorstellen. Sechs Wochen haben wir sie gepflegt, dann ist sie friedlich gestorben. Sie war jetzt bei dem Gott, an den sie ihr Leben lang geglaubt hat. Das war mir klar – aber mein Herz war traurig, aufgewühlt, erschüttert. Für uns und viele andere hat sie treu gebetet – das wird mir fehlen.

Bald darauf wurde mein Vater krank. Nach einer Notoperation erholte er sich nicht mehr und starb. Weitere Todesfälle in der näheren und weiteren Verwandtschaft folgten in den nächsten Monaten. So oft war ich noch nie auf dem Friedhof. Immer wieder musste ich Abschied nehmen.

Dann folgte ein Berufswechsel meines Mannes: Er war Rektor einer Grund- und Hauptschule in unserem Nachbardorf und wurde ans Oberschulamt nach Tübingen versetzt. Es bedeutete für uns als Familie, dass er von nun an viel unterwegs war und auch nicht mehr an den Mahlzeiten teilnehmen konnte. An manchen Tagen sahen ihn unsere Kinder gar nicht, weil er bereits weg war, als sie aufstanden, und noch nicht zurück, wenn sie schlafen gingen. Unser Familienleben spielte sich nun vor allem am Wochenende ab. In dieser Zeit wurde bei meinem Mann ein Tumor in seinem Ohr diagnostiziert. Eine schwierige Operation folgte, bei der er sein Gehör auf diesem Ohr fast verlor. Zeitgleich bekam meine Mutter einen Herzinfarkt, der größere Bereiche ihres Herzens zerstörte. Sie wurde immer schwächer, weil ihr Herz in seiner Leistung eingeschränkt war. Ein halbes Jahr später starb auch sie. Ich war 42 Jahre alt. Nun hatte ich keine Eltern mehr. Kein Anruf, keine Post lag im Briefkasten, wir schrieben aus dem Urlaub keine Karte mehr – es gab keine Besuche mehr in meinem Elternhaus. Ein wirklicher Einschnitt für mich, für unsere Kinder. Es hat lange gedauert, bis ich die Anschrift meiner Eltern aus dem Adressbuch gestrichen habe. Bei einer Nachuntersuchung meines Mannes wurde im Hinterkopf ein weiterer Tumor an einem Gefäß festgestellt. Ein gutartiger, aber wuchernder Tumor. Wieder musste er operiert werden. Zwischen der Diagnose und dem OP-Termin lagen vier Monate. Es folgte eine 10-stündige Operation, bei der zahlreiche Nerven freigelegt werden mussten. Als Krankenschwester wusste ich, dass die Verletzung bereits nur eines Nervs weitreichende Folgen hätte.

Ich hatte Zeit, mich mit der Situation auseinanderzusetzen. Viele Gedanken plagten mich und verschiedene Ängste schlichen sich ein.

Bis dahin hatte ich nicht den Eindruck, besonders ängstlich zu sein. Nun kam ein neues Thema auf mich zu. Zunächst verdrängte ich die Gefühle, doch die Angst suchte sich andere Schlupflöcher. Schlaflosigkeit und nicht berechenbare Angstattacken waren die Folge. Also stellte ich mich meinen Ängsten – was recht viel Mut brauchte. Aber es hat sich gelohnt! Morgens, wenn die Kinder in der Schule waren, nahm ich mir Zeit ganz für mich. Ich kochte mir einen Tee, zündete eine Kerze an, die mich daran erinnern sollte: »Gott ist jetzt da, er ist mir ganz nah.« Dann ließ ich meinen Gedanken und Gefühlen freien Raum. Ich versuchte auch mögliche Folgen zu Ende zu denken und überlegte, welche Menschen ich ansprechen würde, wenn dieses oder jenes Problem nach der Operation eintreten würde. Dabei wurde mir klar, wie reich wir beschenkt sind mit Freunden und ihren unterschiedlichen Kompetenzen. Das nahm mir wenigstens teilweise meine Angst und gab mir wieder Boden unter die Füße. Ein Lied begleitete mich in dieser Zeit: »Manches Ende ist ein Anfang«. Dort heißt es: »Geh den Weg mit bis zum Ende, geh den Weg mit durch die Nacht. Geh durch Tod mit und durch Sterben und dann zeig uns deine Macht.« Der Operationstag kam. Viele Menschen beteten für uns. Die Operation verlief gut. Drei Nerven waren zunächst in ihrer Funktion eingeschränkt, was sich in einer anschließenden Reha wieder normalisierte. Wir sind heute noch sehr dankbar für alle Bewahrung.

Drei Jahre nach diesem Ereignis bekam mein Mann einen Anruf von der Kirchenleitung der evangelischen Kirche in Stuttgart. Für das Dezernat »Kirche und Bildung« suchten sie einen neuen Leiter. Nach einem Gespräch wurde zwei Wochen später die Berufung in diese neue Aufgabe ausgesprochen. Für uns als Ehepaar und Familie folgte nun eine noch einschneidendere Veränderung und Herausforderung. Mein Kopf sagte: »Ja, das ist richtig, er hat die Fähigkeiten für diese Aufgabe« –, aber meine Gefühle wollten nicht, kamen nicht hinterher.

Für ihn war es richtig – aber was bedeutete das für unsere Ehe und Familie?

Es folgte keine einfache Zeit. Oft habe ich mich mit Gott auseinandergesetzt. Die Psalmbeter waren mir dabei eine große Hilfe. Sie nehmen kein Blatt vor den Mund, sondern klagen Gott, wie es in ihrem Herzen aussieht. Mein Blick war nur auf den Verlust gerichtet – auf alles, was ich nicht mehr hatte. Sollte es ein nicht endendes Thema meines Lebens sein? Hatte ich mich nicht schon genug damit auseinandergesetzt? In allem machte ich die gute und wichtige Erfahrung: Gott hält das aus! Alle Wut, alle widerstreitenden Gefühle. Ihm kann ich sie sagen.

Der Anfang war auch für meinen Mann nicht einfach: neue Strukturen, ein neues Arbeitsfeld, viele verschiedene Mitarbeiter, lange Wege. Mit der neuen Aufgabe änderte sich viel für uns als Familie. Nun war mein Mann zeitlich noch stärker eingespannt. Da manche Dienste am Wochenende stattfanden, nahmen wir nicht mehr regelmäßig am Gemeindeleben teil. Das war und ist nicht einfach. Vieles in der Familie fand nun ohne meinen Mann statt – auch das mussten wir erst lernen.

Was mir in meinen Veränderungen bis heute hilft? Vor allem einen Gott zu haben, der mich sieht – so wie ich bin. Nach einer Zeit der Trauer über die verschiedenen Verluste konnte ich irgendwann auch sehen, was wir durch die neue Situation gewonnen haben. Mit der Zeit wurde die Kluft zwischen Verstand und Gefühl kleiner. Dazu war ein richtiger Trauerprozess nötig: Mir Zeit zu lassen für alle Gedanken und Gefühle und dazu zu stehen. Das übe ich bis heute. Viele Beziehungen in der Gemeinde konnten wir nicht mehr so leben, doch wir haben neue Menschen kennengelernt und es sind tragfähige Freundschaften entstanden.

Das Schwierigste war für mich, weitreichende Veränderungen im Leben nicht aktiv zu gestalten zu können. Ich musste oft auf unerwartete Situationen reagieren. Das entspricht nicht meinem Typ. Ich plane und gestalte mein Leben schon ganz gerne aktiv. Aber vielleicht gab mir das dann immer wieder auch wieder die Kraft, Perspektiven zu entwickeln und zu gestalten. Wenn ich heute zurückschaue, erlebe ich mich als reich beschenkte Frau und bin Gott wirklich dankbar, dass er mich davor bewahrt hat, zu resignieren oder bitter zu werden.

Andrea Baur ist 63 Jahre alt und hat drei erwachsene Kinder und zwei Enkelkinder. Sie arbeitet als Referentin und geistliche Begleiterin und wohnt in Mössingen.

3.
Wir können uns nicht nicht verändern

Was mich vermutlich besonders geprägt und verändert hat, sind die Situationen, die ich nicht ändern konnte.

»Tu erst das Notwendige, dann das Mögliche, und plötzlich schaffst du das Unmögliche.« (Franz von Assisi)

»Wie habt ihr das ohne Handy eigentlich geschafft, euch zu verabreden?« Als wir neulich in der Stadt waren, fragte mich unsere Tochter danach. Für sie war es unvorstellbar. »Wir haben einen Treffpunkt vereinbart und dann waren wir einfach da!«, meinte ich zu ihr. Kaum zu glauben, aber so war das! Genauso erinnere ich mich noch staunend daran, als mir Ende der 1980er-Jahre eine junge Mathematikerin erzählte, dass sie sich in ihr Zimmer setze, auf einem Computer etwas schriebe und schon im nächsten Augenblick könne es ein Kollege in den USA lesen. Meine größte Errungenschaft zu jener Zeit war eine elektrische Schreibmaschine und alle Briefe wurden mit der

Post verschickt. Dass eine Mathematikerin das kann, konnte ich mir vorstellen – dass ich jemals so etwas tun können würde, erschien mir zu diesem Zeitpunkt unvorstellbar. Handy und Computer samt elektronischer Kommunikation gehören heute selbstverständlich zu meinem Leben dazu und ich möchte auf nichts davon mehr verzichten. Aber so lange ist es noch nicht her, dass es auch ohne gehen musste – und das tat es auch. Technische Veränderungen sind ein ganz wesentlicher Bestandteil unseres Lebens geworden, ob es mir passt oder nicht. An manches muss ich mich eben gewöhnen, aber inzwischen genieße ich wirklich die Vorteile. Und ich habe ganz großen Respekt vor Menschen, die deutlich älter sind als ich und es dennoch geschafft haben, diese Entwicklung mitzumachen.

Veränderung – die einzige Konstante

Veränderungen sind nicht nur Teil unseres persönlichen, sondern auch des gesellschaftlichen Lebens. Die Finanz- und Wirtschaftskrise, der Klimawandel und der demografische Wandel fordern uns heraus. Dazu kommt seit dem Sommer 2015 eine Flüchtlingswelle, die unser Land und auch den Rest Europas vor bisher nicht gekannte Herausforderungen stellt. Wir sind digital weltweit vernetzt, trotzdem vereinsamen Menschen und es gibt eine große Sehnsucht nach wirklichen und verlässlichen Beziehungen. Diese gesellschaftlichen Veränderungen beeinflussen uns – vielleicht mehr, als wir es oft wahrnehmen. Persönliche und gesellschaftliche Prozesse lassen sich nicht trennen, denn wir leben in komplexen Zusammenhängen. Da gibt es nicht immer nur den einen eindeutigen Weg, sondern wir müssen uns immer wieder zwischen den verschiedensten Alternativen entscheiden. Ganz sicher ist diese Vielfalt der Möglichkeiten etwas, was die Generation der 20- bis 30-Jährigen besonders prägt: »Was soll ich bloß tun, wo ich doch so viele Wahlmöglichkeiten habe?« Und immer schwingt die Angst mit: »Was ist, wenn ich mich falsch entscheide?« – Ich blicke zurück und frage mich: »Wie war das bei mir? Was hat mich eigentlich zu der Frau gemacht, die ich heute bin?«

Persönliche Veränderung

Ich bin eine Norddeutsche. Nicht mehr ausschließlich, mittlerweile haben sich in meine Sprache andere Ausdrücke eingeschmuggelt – trotzdem ist es immer noch zu hören. Lange habe ich das wohl auch ein wenig stolz vor mir hergetragen. Eigentlich ohne Grund. Schließlich kann ich gar nichts dafür. Aber es ist ein Teil, der zu mir gehört und der sich gerade auch in meiner Sprechweise zeigt.

Unsere Sprache ist ganz oft eng verknüpft mit der Frage nach unserer Zugehörigkeit. Sie sagt uns: »Wo komme ich her?«, und damit in der Regel auch: »Wo gehöre ich hin?«

»Zu Hause bin ich dort, wo ich verstehe und verstanden werde.«

Zu Hause bin ich dort, wo ich verstehe und verstanden werde. Sprache hilft mir, mich zurechtzufinden. Es gibt Formulierungen, mit denen ich bis heute nicht gut leben kann. Wenn die Mutter einer Schulkameradin unserer Tochter auf dem Weg zum Elternabend in treffsicherem Hessisch von »das Nadine« gesprochen hat, ging das für mich gar nicht! Und an die rheinische Direktheit mancher Kollegen musste ich mich auch erst gewöhnen. Es geht also eigentlich nicht nur um Sprache, sondern vielmehr auch um die Kultur, die dahintersteht und die uns prägt, ob wir wollen oder nicht. Da meine gesamte Herkunftsfamilie aus dem Norden stammt, ist die norddeutsche Mentalität ein Teil von mir.

Daneben ist es ganz sicher in besonderer Weise die Familie, die uns zu dem Menschen macht, der wir sind: Was habe ich dort gelernt? Was war bei uns wichtig? Welche Möglichkeiten haben sich mir eröffnet? In unserer Familie wurde zum Beispiel viel erzählt und diskutiert. Das erlebe ich bis heute wirklich als Stärke. Was mir jedoch lange schwerfiel, war, anderen zuzuhören und wirklich hinzuhören.

Als Kind aus einer Mittelschichtsfamilie bin ich in einem sicheren Umfeld aufgewachsen. Wie viele christliche Mädchen zu jener Zeit habe ich zunächst eine Ausbildung als Kinderkrankenschwester gemacht. Wenn ich mich richtig erinnere, gab es weder viele Wahlmöglichkeiten noch wurde diese Frage lange diskutiert. Mein Realschulabschluss war okay, aber auch nicht brillant. Ich war also froh, einen Ausbildungsplatz zu haben. Doch jeder weiß: »Lehrjahre sind keine Herrenjahre!« Manche Stationsschwester sehe ich heute noch leibhaftig vor mir: »Schwester Christiane, aus Ihnen wird doch nichts!« Na, toll! Dass ich es doch geschafft habe, nach der Ausbildung eine feste Anstellung gefunden habe und sogar gut zurechtgekommen bin, würde ich diesen Schwestern gerne noch mal unter die Nase reiben. Aber da musste man durch. Das Schwierige war, dass ihre Kritik auf mein wackeliges Selbstwertgefühl traf und das Ganze zusätzlich erschwerte. Wie wohltuend war es dann, im weiteren Verlauf meiner Berufstätigkeit auf Menschen zu treffen, die mir etwas zutrauten. Menschen zu begegnen, die mich ermutigten, einen Weg einzuschlagen, auf den ich mich alleine niemals getraut hätte. Das gilt für den Beruf, aber vor allem auch für ehrenamtliches Engagement. Ganz sicher hat mich das auch zu der Frau gemacht, die ich heute bin. Von diesen Menschen gab es einige – angefangen bei meiner Jungscharleiterin und dem Jugendpastor bis hin zu meiner Mentorin.

Was mich vermutlich aber besonders geprägt und verändert hat, waren die Situationen, die ich nicht ändern konnte. Dazu gehören für mich die wirklich vielen Krankheitszeiten und auch das Alleinsein. Es ist wohl das, was der Psychologe Jörg Berger mit »schweren Gaben« bezeichnet. Er unterscheidet die leichten und schweren Gaben unseres Lebens.[3] Leichte Gaben sind das, was wir als Begabungen erhalten haben, wie vielleicht Kommunikationsfähigkeit oder auch andere begeistern zu können oder eben musikalisch zu sein. Die schweren Gaben sind das, wo wir in unserem Leben in besonderer Weise herausgefordert wurden: durch eine Not, durch Krankheit, durch schwierige Menschen, durch Fragen, die uns das Leben gestellt hat. Laut Jörg Berger sind es eben diese Dinge, die uns in besonderer Weise zu dem Menschen gemacht haben, der wir heute sind. Vermutlich sind diese Gaben entscheidender als andere. Denn sie prägen und verändern uns auf eine Weise, die wir uns wahrscheinlich so nie ausgesucht hätten. Aber gerade durch sie bin ich zu der Frau geworden, die ich heute bin.

Zu erleben, dass ich Gnade brauche

Rückblickend von Dingen zu erzählen, die gelungen sind, ist leicht. Und auch das, wozu wir selbst nichts beigetragen haben, lässt sich stets gut beschreiben. Was ist aber mit den Situationen, wo wir an anderen schuldig geworden sind? Wo wir anderen etwas zugefügt haben? Welche Spuren hinterlässt das in unserem Leben?

Auch wenn ich froh wäre, wenn es anders wäre: Auch ich kenne solche Spuren. Und an mancher Last habe ich lange schwer getragen. Es war ein längerer Weg und ich habe einige Zeit gebraucht, bis ich mir selbst sagen konnte: »Auch das gehört zu dir.«

»Über Vergebung zu reden, wenn es andere betrifft, ist ja vergleichsweise leicht. Was ist aber, wenn es mich angeht?«

Über Vergebung zu reden, wenn es andere betrifft, ist ja vergleichsweise leicht. Was aber, wenn es mich angeht? Wenn ich auf einmal merke: Das brauche ich mehr als alles andere, dass Gott mir vergibt – und dass Menschen es auch tun! Ich könnte es verdrängen, kleinreden, argumentieren, dass es im Vergleich zu dem, was andere getan haben, doch gar nicht so schlimm ist oder dass es vielleicht gar nicht anders möglich war. Oder aber ich stehe dazu und bitte Gott und Menschen um Verzeihung. Auch wenn uns dieser Schritt einiges kostet.

Für mich geht es an dieser Stelle nicht darum, kräftig im eigenen Leben herumzuwühlen, um möglichst etwas zu finden. Aber ich glaube, dass unsere Seele so beschaffen ist, dass sie sich meldet, wenn es dran ist, etwas zu bereinigen. Hier konkrete Schritte zu gehen hat mich wirklich verändert. Damit ist eine Freiheit zurückgekehrt, auf die ich nicht mehr verzichten möchte. Ich habe aber auch gelernt, barmherzig zu sein. Nein, es gibt Situationen, die kann ich nicht ungeschehen machen – Schmisse und Narben werden bleiben. Aber erst an diesen Stellen habe ich zutiefst verstanden, was Gnade heißt. Und das hat mich verändert und ganz wesentlich zu der Frau gemacht, die ich heute bin.

Wie geht es da anderen? In der nachfolgenden Veränderungsgeschichte zum Thema »Schwere Gaben« kommt eine Frau zu Wort, die etwas leben muss, was sie sich nicht ausgesucht hat:

Veränderung: Akzeptanz – das ist mein Schlüsselwort

Ich lese ein Interview mit Bertrand Piccard. Er ist der Enkel einer ganzen Fliegerdynastie und hat als Erster mit einem Heißluftballon die Erde umfahren. Auf die Frage: »Herr Piccard, warum eigentlich Ballonfahren, das ist doch wenig spektakulär?«, antwortet er sinngemäß: »Ballonfahren ist jetzt dran für mich, denn es hat etwas mit Akzeptanz zu tun. Du hast keinen Einfluss auf die Windrichtung, aber wie du mit diesem Wind umgehst, das ist deine Verantwortung. Wir Menschen hier im Westen verstehen es sehr wenig, in demütiger Haltung Ereignisse zu akzeptieren und anzunehmen.«

Akzeptanz – das war mein Stichwort. Es war wenige Tage vor meinem 50. Geburtstag, als ich dieses Interview las – und dieses Älterwerden zu akzeptieren stellte schon eine gewisse Herausforderung für mich dar. Ereignisse, auf die ich keinen Einfluss habe, anzunehmen, sie zu akzeptieren, um dann alle Energie darauf zu verwenden, mit ihnen gut umzugehen. Ich sollte in den folgenden Jahren noch viel Gelegenheit haben, diese Haltung einzuüben. Zunächst aber konnte ich das Heißluftballonfahren selber erleben. Meine Kinder schenkten mir zum Geburtstag eine Ballonfahrt.

Noch im selben Jahr zeichnete es sich ab, dass die Akademie, in der ich zusammen mit vier anderen Frauen als Dozentin lehrte, aus wirtschaftlichen Gründen geschlossen werden sollte. 15 Jahre hatte ich dort gearbeitet, war Betriebsratsvorsitzende und damit in zweifacher Hinsicht eigentlich unkündbar. Ich hatte unglaublich viel Energie und Herzblut in das Konzept einer für mich überzeugenden Fachdidaktik gesteckt. Außerdem waren wir ein eingespieltes Team. Und nun sollte das alles nicht mehr sein? Gemeinsam kämpften wir um unseren Erhalt. Dazu nahmen wir Kontakt mit zwei anderen großen Trägern auf. Beide konnten es sich gut vorstellen, diese Akademie zu übernehmen – doch am Ende zerschlugen sich alle Hoffnungen. In einer von uns gestalteten und bewegenden Trauerfeier nahmen wir Abschied von unserer geliebten Akademie. Dazu veranstalteten wir einen Flohmarkt, auf dem das Ganze nicht mehr benötigte Inventar verkauft wurde. In einem selbst gebastelten Sarg konnten die Gäste Dankesschreiben oder anderes, was sie mit der Akademie verbunden hatten, hineinlegen und ich hielt eine Rede. Es war wirklich traurig.

Und wie sollte es nun weitergehen? 50 Jahre alt und örtlich gebunden – für mich gab es wenig berufliche Perspektive. In dieser Situation begegnete mir ein Theologe aus Baden-Württemberg, der dort eine ähnliche Akademie geleitet hatte. Er würde gerne mit mir zusammen eine neue Akademie gründen. Ob ich mir das vorstellen könne? Ich zögerte nicht lange. Glücklicherweise ist mein Mann Beamter und so haben wir ein gesichertes Familieneinkommen, wenn auch das zweite Gehalt durchaus benötigt wurde, um zwei und später dann sogar drei Kindern ein Studium zu finanzieren. Bald starteten wir mit allen nötigen Vorbereitungen. Wir gründeten einen Trägerverein, für den wir namhafte Personen gewinnen konnten, mieteten zunächst zwei Büroräume, konzipierten Weiterbildungen und gingen ordentlich in die Werbung.

Im Oktober 2015 haben wir unser zehnjähriges Jubiläum gefeiert. Mittlerweile haben wir eine Sekretärin als hauptamtliche Mitarbeiterin, arbeiten mit rund 50 nebenamtlichen Dozenten zusammen, unsere gemietete Fläche beträgt 250 Quadratmeter und wir haben in 15 verschiedenen Lehrgängen mehr als 1 000 Personen weitergebildet!

Das Ganze war eine riesige Veränderung für mich. Auf einmal selbstständig zu sein, mit allen Entscheidungsfreiheiten und Spielräumen, die ich mir als Arbeitnehmerin in einem großen Verband oft genug gewünscht hatte. Aber eben auch mit vollem unternehmerischen Risiko. Ich war hoch motiviert, aber oft auch zaghaft und voller Ängste. So war es zum Beispiel unumgänglich, zu einem Zeitpunkt mit Weiterbildungskursen in die Werbung zu gehen, an dem wir noch gar nicht wussten, ob wir überhaupt die geeigneten Dozenten bekommen oder ob diese Kurse von den entsprechenden Fachgesellschaften zertifiziert würden. Immer wieder haben mir katastrophale Anmeldesituationen den Schlaf geraubt und ein neues Weiterbildungsgesetz war für uns mit scheinbar unüberwindlichen Hürden versehen.

Geraten wir infolge äußerer Veränderungen unter emotionalen Druck, so werden wir unweigerlich mit Bereichen unserer Seele konfrontiert, die wir nicht im Griff haben. In den Tiefen meiner Seele verborgen, in der Regel gut kompensiert, existiert eine unergründliche zitternde, rumorende Angst. Wenn ich aufgrund äußerer Gegebenheiten in schwierigen Situationen nicht mehr handeln kann, dann begegne ich dieser Angst – einer ganz tiefen, elementaren, alles beherrschenden Angst. Sie raubt mir den Schlaf, treibt den Blutdruck in die Höhe und heraus kommen gedankliche Katastrophenszenarien. Ich bin so eine typische Macherin und gestalte und verändere gerne – am liebsten auch andere Menschen. Deshalb bin ich Pädagogin, und das mit Leib und Seele. Aber vieles entzieht sich meinem Einfluss. Ganz zu schweigen davon, dass ich kein Recht und glücklicherweise keine Macht habe, andere Menschen zu verändern.

Diese Akademie war und ist mein Baby. Schwierige Situationen, die ich nicht ändern kann, befördern diese Angst; aber sie fordern mich auch auf, Situationen gelassen und demütig anzunehmen – also die am Anfang erwähnte Haltung des Akzeptierens einzuüben. Das ist die wirksamste Medizin gegen meine Ängste. Ich nehme die Situation demütig an, wie sie ist. Ich glaube, Gott traut sie mir zu und er wird mittendrin sein. Demütig zu sein zeigt sich für mich in zweifacher Hinsicht: Zum einen hat es Gott – glaube ich – so eingerichtet, dass wir auf die wirklich entscheidenden Dinge unseres Lebens keinen Einfluss haben. Und zweitens: Weil die Beurteilung von Situationen in »gut« und »schlecht« oder »erwünscht« und »unerwünscht« zwar einem zutiefst menschlichen Bedürfnis nach Bewerten (und damit im Tiefsten auch nach Beherrschen) entspricht, aber sich in der Regel unserem Vermögen entzieht. Was wirklich gut oder schlecht ist, weiß ich oft gar nicht, beziehungsweise vieles erweist sich oftmals ganz anders, als zunächst vermutet.

Also übe ich fleißig, gelassen anzunehmen, nicht zu werten, sondern neugierig den Situationen des Lebens entgegenzutreten. Sie zu betrachten und die Herausforderungen darin zu entdecken. So habe ich, angestoßen durch die äußere berufliche Veränderung, auch innere Veränderung erlebt. Ich kann heute tatsächlich manches sehr viel gelassener akzeptieren und annehmen. Aber ich bin nach wie vor auf dem Weg und Rückfälle in alte Verhaltensmuster bleiben mir und meinem Umfeld nicht erspart.

Iris Grabowski ist 61 Jahre, verheiratet und arbeitet als Geschäftsführerin und Dozentin der Marburger Akademie für Pflege- und Sozialberufe in Marburg. Sie hat drei erwachsene Kinder und ein Enkelkind.

4.
»Morgen bin ich eine andere!«
Veränderungen im Lebenslauf

Lebensübergänge sind ein bisschen wie Umzüge: Sie geben Ihnen die Chance, einmal innezuhalten, Ihr bisheriges Leben zu hinterfragen, mitzunehmen, was Sie »in der neuen Wohnung« haben wollen, loszulassen, was nicht mehr erfüllt oder Schmerzen zufügt, und sich zu überlegen, wie Sie den Rest des »neuen Ambientes« gestalten wollen. (Heike Thormann)

»Wir brauchen nicht sofort zu leben, wie wir gestern gelebt haben.
Macht euch nur von dieser Anschauung los,
und tausend Möglichkeiten laden uns zu neuem Leben ein.«
(Christian Morgenstern)

»Du hast dich gar nicht verändert« ist manchmal vielleicht eine charmante, häufig aber auch nichtssagende Bemerkung. Wir hören sie, wenn wir Menschen treffen, die wir Jahre, vielleicht sogar Jahrzehnte nicht gesehen haben. So bin ich zum Beispiel vor einiger Zeit ich auf einer Party einer Frau begegnet, die mich total vertraut begrüßte – und ich hatte nicht die leiseste Ahnung, wer sie war! Bis mir einfiel: »Das ist ja jemand aus meiner früheren Gemeinde!« Ehrlich gesagt, dachte ich, ihre Mutter stünde vor mir und nur darum habe ich sie erkannt (aber das habe ich natürlich netterweise für mich behalten).

Ja, wir verändern uns – auch äußerlich. Und ehrlich gesagt, bin auch ich immer froh, wenn andere mich wiedererkennen. Als mich neulich eine Frau zehn Jahre jünger einschätzte, als ich bin, hatte ich einen richtig guten Nachmittag. Allerdings muss ich zugeben, dass wir nur telefoniert und uns länger nicht gesehen haben. Trotzdem: So etwas höre ich gerne.

Äußerlich sind Veränderungen meist offensichtlich, obwohl auch hier die Grenzen immer mehr verschwimmen. Nicht selten tragen Mütter die gleiche Kleidung wie ihre Töchter. Was diese manchmal dazu bringt, sich andere, ausgefallene Dinge zu überlegen, schließlich wollen sie sich doch unterscheiden! Konnten wir in der Vergangenheit die Lebensphasen einigermaßen zuordnen, sind viele Grenzen heute fließend. Ein bestimmtes Alter verliert immer mehr an Aussagekraft: Eine 40-jährige Frau kann gerade erst Mutter geworden sein, aber auch schon Großmutter sein. Manche starten mit siebzig Jahren noch in eine neue Karriere, andere setzen sich mit Mitte vierzig zur Ruhe.

Aus der Psychologie der menschlichen Entwicklung habe ich einiges über grundlegende Veränderungen gelernt. Erik H. Erikson beschreibt in seinem Buch »Identität und Lebenszyklus«[4] acht Stadien auf dem Lebensweg. Er beobachtete, dass jeder Übergang in eine neue Phase mit einer zentralen Erschütterung der Person verbunden ist, einer sogenannten »Identitätskrise«. Das bedeutet: Alles oder zumindest vieles infrage zu stellen: Von »Was passt zu mir?«, »Mag ich die Farbe meiner Bettwäsche?« über »Wie finde ich den richtigen Beruf?« oder auch »Funktioniert der Wiedereinstieg?« bis hin zu »Und was ist, wenn ich das alles loslassen muss?« ist alles dabei.

Auf den ersten Blick wirkt das Modell von Erikson vielleicht etwas schematisch und birgt die Gefahr, das Ganze zu schlicht und allgemein zu sehen. Andererseits beschreibt er grundlegende Lebensaufgaben, die ich in dieser Zusammenfassung sehr hilfreich finde – egal, ob sie nun früher oder später einsetzen. Hier die Lebensphasen nach Erikson im Überblick:

1. Säuglingsalter	Urvertrauen gegen Urmisstrauen
2. Kleinkindalter	Autonomie gegen Scham und Zweifel
3. Spielalter	Initiative gegen Schuldgefühl
4. Schulalter	Werksinn gegen Minderwertigkeitsgefühl
5. Jugendliche	Identität gegen Identitätskonfusion
6. Frühes Erwachsenenalter	Intimität gegen Isolierung
7. Erwachsenenalter	Generativität gegen Stagnation
8. Spätes Erwachsenenalter	Integrität gegen Lebensekel

Nach Erikson gehört zu jeder Lebensphase auch eine bestimmte Lebensaufgabe, die in dieser Phase zu bewältigen ist. Kernlebensaufgaben wie Urvertrauen, Selbstwerdung und Initiative ordnet er den ersten Lebensjahren zu. Allerdings bleiben sie von grundlegender Bedeutung für den Verlauf unseres Lebens. An jedem Übergang in eine neue Lebensphase werden sie überprüft – und das bis ins hohe Alter. Hier haben Menschen die Möglichkeit, eventuell noch nicht Gelerntes nachzuholen. Die beiden Begriffe, die er jeweils einander gegenüberstellt, bilden dabei zwei Pole: Urvertrauen – Urmisstrauen; Intimität – Isolierung usw. Wir finden uns in der Regel nicht punktgenau an einem dieser Pole wieder. Im Gegenteil: Vielleicht könnte man sagen, dass sie miteinander ringen. In der entsprechenden Lebensphase wie z. B. dem Säuglingsalter wird aber doch so etwas wie ein Grundlebensgefühl gebildet, das dann entweder eher von Ur-vertrauen oder eben von Urmisstrauen geprägt ist. Gleichzeitig aber bleibt dieses Lebensgefühl in Bewegung, das heißt, wir sind also auch in der Lage dazuzulernen. Menschen können auch im späteren Verlauf ihres Lebens neue und ermutigende Erfahrungen machen.

»Menschen können auch später im Leben noch neue und ermutigende Erfahrungen machen.«

Das zu entdecken, hat mich in meinen Veränderungsprozessen der letzten Jahre immer wieder motiviert. Es hat mir dabei geholfen, meine ganz persönlichen Lebensaufgaben anzupacken. Zugleich schärft es auch den Blick für Prozesse im Leben anderer Menschen und kann helfen, manches noch einmal besser zu verstehen.

Für das Thema Veränderung, so wie ich es in diesem Buch bearbeite, sind vor allem drei Phasen von besonderer Bedeutung: Das Säuglingsalter und damit der Grundstein einer gesunden Persönlichkeit, die Lebensmitte – bei Erikson »Erwachsenenalter« – und das späte Erwachsenenalter.

Ur-Vertrauen oder Ur-Misstrauen

»Bin ich in der Lage, anderen Menschen mit Vertrauen zu begegnen? Wenn es darauf ankommt: Was ist in der Regel mein erster Impuls?« Selbstverständlich ist das kein Gedanke, über den ein Kind nachdenkt. Diese Frage taucht in der Regel im späteren Leben auf, in der Art und Weise, wie wir mit Situationen umgehen. Dabei wird nämlich deutlich, ob ich das Gefühl kenne, mich auf Menschen verlassen zu können. So beschreibt Erikson das Ur-Vertrauen auch als Eckstein einer gesunden Persönlichkeit.[5] Wenn dieses Grundgefühl erschüttert ist, drücken Erwachsene es häufig mit einem ausgeprägten Misstrauen anderen gegenüber aus. Aus dem Ur-Vertrauen in einen verlässlichen anderen – die Mutter, den Vater – kann das Vertrauen in sich selbst erwachsen. Dort, wo es erschüttert ist, fehlt etwas Wesentliches. Als Menschen brauchen wir den anderen, das Gegenüber, um uns zu entwickeln.

Mein Selbstbewusstsein wird durch den Zuspruch anderer geweckt. Das leuchtet ein und der Gedanke tut gut. Doch begegne ich leider auch vielen Menschen, die das so nicht erlebt haben. Seitdem ich Mutter bin, merke ich aber auch, dass es gar nicht so leicht ist, den eigenen Kindern das zu geben, was sie nötig haben. Da kämpfe ich auch mit meinen Grenzen. Wie bekommen Menschen das, was sie für ihre gesunde Entwicklung brauchen? Zum einen glaube ich, dass Vertrauen auch nachreifen und nachwachsen kann und darf. Dass ich auch dort, wo ich es als Kind nicht erlebt habe, in späteren Beziehungen noch etwas dazulernen kann. Wahrscheinlich bleibt eine schwache Stelle, eine Narbe, zurück, aber ich bin dennoch überzeugt, dass vieles auch »nachträglich« heil werden kann. Und dass ich anderen Menschen ihre Liebe zu mir glauben lernen kann. Vor allem aber, dass ich es Gott selbst glaube, dass er mich geschaffen hat und unendlich liebt.

Schon auf den ersten Seiten der Bibel wird uns das zugesagt: Ganz am Anfang – da wurde der Mensch geschaffen, war von Gott geplant, gewollt und geliebt – und damit auch ich. Die Philosophin Hanna-Barbara Gerl-Falkovitz drückte es in ihrer markanten Sprache einmal so aus: »Wenn ein Mensch zutieft weiß: ›Dass ich da bin, ist eine Gabe Gottes‹, dann setzt das ungeheure Energien frei. Die Seligkeit darüber, gewollt zu sein, ist nicht ein Wort aus dem religiösen Repertoire, eingesetzt zur Beschwichtigung, sondern dient der wirklichen, tiefen Beruhigung: grundlos, umsonst da zu sein, gratis e con amore.

Denn Gründe werden nicht mitgegeben, weder den Eltern noch dem Kind selbst, auch nicht im messbaren Erfolg eines solchen Lebens. Vielmehr ist es unerschöpflicher Anfang: Aus ihm wird das Leben möglich. Es ist die Ur-Tatsache, sich geschenkt zu sein.«[6]

Diese Ur-Tatsache, diese Zusage, gilt uns von unserem ersten Atemzug an. Der Beter des 22. Psalms, drückt es so aus: *»Ja, du hast mich aus dem Mutterleib gezogen. An der Mutterbrust lehrtest du mich Vertrauen. Auf dich bin ich angewiesen seit meiner Geburt. Vom ersten Atemzug an bist du allein mein Gott!«* (Psalm 22,10-11; BasisBibel). Der Psalmbeter erlebt Gott als Hebamme, die ihn durch die Hände einer wirklichen Hebamme herauszieht und an die Brust der Mutter legt. Und wie der Säugling, nachdem er abgenabelt wurde, auf dem Bauch der Mutter liegt, das erste Mal an ihrer Brust trinkt, so lehrt Gott den Psalmbeter dieses Ur-Vertrauen: »Vom ersten Atemzug an bist du allein mein Gott!«

Beim Schreiben dachte ich: »Das wäre doch wirklich schön gewesen, wenn ich manches schon früher entdeckt und ausprobiert hätte. Dieser Lebenszuspruch gilt mir – und er hängt nicht von mir ab! Die Entscheidung jedoch, ob ich ihm mein Vertrauen schenke, schon. Wie wäre es, wenn dieses Vertrauen mein Leben begründete? Was würde sich ändern? Und wenn ich heute wie im Zeitraffer noch einmal zurückschaue: Was würde ich heute der jungen Christiane sagen?«

Das nicht nur zu denken, sondern einmal auszusprechen oder aufzuschreiben, ist vielleicht eine gute Idee. Gesagt, getan. Und so schreibe ich heute, mit Anfang 50, einen Brief – nicht irgendeinen, sondern einen Brief an mein jüngeres Ich. Ich stelle mir vor, es ist ein Brief mich im Alter von 15 Jahren. Als Teenager steht man mitten im Aufbruch und hat Tausende Fragen: Wer bin ich? Was kann ich? Wo führt mich mein Leben einmal hin?

Exkurs: Brief an mein jüngeres Ich!

Liebe Christiane,
»Trau dich ran, fang einfach an! Dann wirst du sehen, was man alles so kann!« Dieses Lied singst du doch immer wieder mit den Jungscharkindern. Wie wäre es, wenn du es auch selbst versuchst? Was hält dich denn davon ab? Wieso fallen dir eigentlich immer die Dinge zuerst ein, die du nicht kannst? Mathematik, Englisch, Physik! Und das, was dir gut gelingt, redest du immer wieder klein: Eine Stunde zu gestalten, ein Thema zu erarbeiten, Kinder zu begeistern, Fußball zu spielen, andere anzustecken mit deiner fröhlichen Art!

In dein Leben wurde so viel hineingelegt – lass es doch einfach zu, dass sich daraus etwas entwickelt! Und ehrlich, du brauchst keine Angst zu haben, dass es nicht ausreicht oder nicht genügt. Es genügt! Und nicht nur das – du genügst, weil das Ja Gottes über deinem Leben gilt! Ganz egal, ob du es gerade fühlst oder nicht, ob andere es dir sagen können oder nicht, ob das, was du tust, gelingt oder nicht! Dieses Ja begründet dein Leben. Und das genügt!

Deshalb ist es auch nicht nötig, andere Menschen immer und zu jedem Zeitpunkt zufriedenzustellen. Erstens geht das nicht und zweitens verausgabst du dich damit mehr, als du ahnst. Natürlich ist es gut, seine Aufgaben gewissenhaft zu tun. Aber gewissenhaft heißt nicht perfekt. Wenn du nur das tust, was perfekt zu meistern ist, wirst du vieles nicht versuchen. Oder wenn du es versuchst, strengst du dich mehr an, als eigentlich nötig ist. Versuch doch mal etwas, auch wenn du noch nicht weißt, ob es gelingt. Und wenn du dabei mal scheiterst – na und? Laufen gelernt hast du doch auch nur, weil du es versuchst hast, hingefallen und dann wieder aufgestanden bist. Einfacher ist es nicht zu haben. Tu es doch mal, ohne es gleich zu bewerten!

Apropos »bewerten«: Wem möchtest du in Zukunft das Recht einräumen, dein Leben zu beurteilen? Was ist das überhaupt für eine Idee und was steckt dahinter? Steckt dahinter nicht die heimliche Sorge, ob es gut genug ist? Das haben wir doch schon geklärt: Du genügst! Und das nicht, weil du so großartig bist, sondern weil Gott selbst dir deine einzigartige Würde zuspricht. Mehr brauchst du nicht! Also kannst du jeden Zensor und Antreiber getrost in die Wüste schicken.

Stattdessen findest du viel Platz in deinem Leben – für andere Menschen, für schöne Dinge, die du einfach genießen kannst. Für Spielen, Lachen, Freuen, Singen. Wie reich ist ein Leben, in dem alles sein darf! Dazu vielleicht dann auch mal der eine oder andere verrückte Gedanke – warum nicht? Dein Leben ist ein wertvoller Schatz, den Gott dir anvertraut! Lass ihn nicht ungenutzt. Mach etwas draus! Behüte und beschütze diesen Schatz – es gibt ihn schließlich nur einmal.

Und: Verbünde dich doch mit anderen! Wie schön ist es, gemeinsam etwas zu tun. Jede und jeder mit den Gaben, die Gott geschenkt hat. Keine Angst, du gehst dabei nicht verloren. Du hast deinen Platz. Es bleibt dein Platz – für wen sollte er denn sonst sein? Erinnerst du dich, wie schön sich das anfühlt, wenn deine Freundin zu dir sagt: »Komm her, ich habe einen Platz für dich frei gehalten!« So ist das auch mit Gott! Er hält dir deinen Platz frei und wartet darauf, dass du kommst. Manchmal bist du dann dran und in Aktion. Dann wieder sind es die anderen und du kannst dich ruhig und entspannt hinsetzen. Es ist gut so. Aber es ist nicht nur der Platz in Aktion – es ist auch der Platz am reich gedeckten Tisch. Dort findest du alles, was dein Herz begehrt.

Und nun versuch es einfach, mach dich auf den Weg! Eine behütete, aber auch aufregende Reise wünsche ich dir!

Deine »große« Christiane

Nach dieser frühen und entscheidenden Phase unseres Lebens nun ein großer Sprung – mitten hinein in die Lebensmitte.

Lebensmitte = Wendepunkt?

»Wer bin ich – und möchte ich das auch sein?« Die Frage nach der Identität stellen Menschen sich in der Regel das erste Mal ganz bewusst als Teenager und Jugendliche. Aber zugleich ist es eine Frage, die sich auch in der Lebensmitte nicht selten noch einmal deutlich meldet. Mittlerweile gehe ich sogar davon aus, dass es für viele ein echter Dauerbrenner ist – für mich übrigens auch.

»Wer bin ich? Und wo möchte ich noch hin?« Hier liegt meines Erachtens der Dreh- und Angelpunkt für viele, wenn nicht sogar für alle anstehenden Veränderungsprozesse. Auf diese Frage brauche ich eine Antwort. Zunächst einmal kann ich ganz entspannt antworten: »Ich bin ... Ehefrau, Mutter, Tochter, Schwiegertochter, Nachbarin, Kollegin, Sportskollegin, Freundin!« Doch dann frage ich mich: »Welche Art von Ehefrau, Mutter, Tochter ... möchte ich sein?« Manche Beziehungen lebe ich schon so lange, dass vieles selbstverständlich geworden ist. Und ganz sicher möchte ich nicht Dinge infrage stellen, einfach nur, um mal gefragt zu haben. Aber es gibt dennoch auch Verhaltensmuster, die ich munter bedient habe und bei denen ich merke: »Das will ich so nicht mehr!« Zum Beispiel um des »lieben Friedens willen« nichts zu sagen. Oder unausgesprochene Erwartungen wie auf einem Radar zu wittern und am besten auch gleich zu erfüllen.

Aber es geht nicht nur um die Fragen, wie ich mit anderen umgehe und wie ich mir wünsche, dass sie sich mir gegenüber verhalten. Hinter der Frage »Wer bin ich?« steckt für mich auch die Frage »Wozu lebe ich?«. Vielleicht liegt es auch daran, dass ich an meinem

50. Geburtstag deutlich gespürt habe: »Jetzt ist mehr als eine Halbzeit rum!« Und da ich nicht vorhabe, 100 Jahre alt zu werden, ist die Zeit, die mir noch bleibt, kürzer als mein bisher gelebtes Leben. Was also möchte ich noch tun – und was nicht mehr? Aber nicht nur das »Was« bewegt mich, sondern auch: Wie möchte ich es tun? Und ist das, was ich mir vorgenommen habe, die Zeit und den Einsatz wert? Im Nachdenken darüber bin ich auf drei Punkte gestoßen:

Erstens: Ich will mich nicht mehr so sehr darum kümmern, was andere können, tun oder sagen!

Lange Zeit meines Lebens, teilweise bis heute, blicke ich mich immer wieder einmal um und schaue, wie es die anderen machen. In aller Regel vergleiche ich mich dann mit den Stärkeren. Das geht meistens nicht gut aus. Deshalb übe ich es bewusst ein, das, was andere tun oder wie sie auftreten, mir auch einmal wie aus der Außenperspektive anzuschauen. Dann kann ich staunend feststellen: Das ist ja wirklich toll! Und das darf so sein. Ich gönne es ihr – oder ihm. Ich aber lebe mein Leben. Die andere darf mehr erreichen oder tun – darum kümmere ich mich nicht mehr. Wenn trotzdem Vergleichsgedanken kommen, lasse ich sie zunächst einfach einmal zu. Dann schaue ich sie mir ganz in Ruhe an: Wieso ist das jetzt so? Was ist vielleicht der Auslöser? Und dann blende ich sehr bewusst mein Leben ein: Was gehört dazu? Worüber freue ich mich? Wie heißen meine Möglichkeiten? Und immer wieder passiert es dann, dass etwas aufblitzt: Ehrlich, ich habe es wirklich gut! So möchte ich leben. Es ist zwar nicht alles nur toll und ja, da gibt es manches, was mich herausfordert. Aber gerade das ist mein Leben – ein anderes habe ich nicht. Deshalb will ich dieses Leben gestalten, mit den Gaben – aber auch mit den Grenzen, die mir gesetzt sind.

Zweitens: Ich bin hier nicht auf der Flucht!

Kennen Sie das auch: »Wenn ich das und das erst geschafft habe, dann wird es bestimmt ruhiger!« Pech ist nur, dass bis dahin meistens so viel dazugekommen ist, dass die Zeit wieder nicht reicht. Doch mein Leben ist nicht nur dazu da, Pläne und Projekte zu erfüllen, sondern es ist mir geschenkt zum Sein! Und es sind nicht nur die anderen – oft bin ich es wohl selbst, die sich antreibt und unter Druck setzt. Doch wer oder was hält mich davon ab, daran etwas zu ändern? Eine To-do-Liste in allen Ehren, sie hilft ja wirklich, nichts zu vergessen. Aber ob ich meinen Wochenplan so anlege, dass er gar nicht oder nur mit hängender Zunge zu schaffen ist, das entscheide ich selbst. Allerdings lässt sich ein Verhaltensmuster, das ich viele Jahre – inzwischen sogar Jahrzehnte – trainiert habe, nicht so einfach abschalten. Da brauche ich schon konkrete Schritte, wenn ich hier etwas verändern möchte.

Drittens: Ich darf Fehler machen! Es muss nicht alles gelingen.

Die Menschen finden mich nicht weniger nett, wenn sie entdecken, dass bei mir auch nicht alles klappt. Genau genommen ist wohl sogar das Gegenteil der Fall. Leute, die scheinbar alles schaffen, können wir in der Regel nicht so richtig ausstehen. Schnell wirken sie ziemlich verbissen. Wenn es also für die anderen nicht so schlimm ist, könnte ich mich doch auch damit anfreunden, oder? Mich kostet das einige Überwindung, trotzdem habe ich gerade aus Fehlern wohl am meisten gelernt. Und es fühlt sich mehr als gut an, wenn es geschafft ist. Gerade stecke ich aber mitten in einer neuen und umfassenden Übung: Ich habe mir vorgenommen, mein Englisch aufzubessern. Wobei aufbessern netter klingt, als es in Wirklichkeit ist. Es gibt Momente, wo ich das Gefühl habe: Konnte ich eigentlich schon mal Englisch? Und auch Vokabeln zu lernen klappte mit 15 besser als mit 51. Tapfer habe ich dann einen Kurs besucht, der von einer Muttersprachlerin geleitet wurde. Das war richtig gut – und doch war aller Anfang auch hier schwer. Viele Teilnehmer haben sich zu Beginn kaum getraut zu sprechen. Auch mir fiel das nicht leicht. Trotzdem – ein erster Schritt war getan. Und ganz langsam habe ich mittlerweile das Gefühl, dass es doch machbar ist. Eine Freundin hat mir dann angeboten, doch E-Mails auf Englisch zu schreiben, was mir aber dann doch zu viel war. Doch sie meinte nur: »I surely hope you'll make some progress in talking English, you will improve, don't worry. But you need to practice! Just try and do not be afraid of mistakes. It is even charming to speak broken English.« Mich zu trauen und mir keine Sorgen um Fehler zu machen! Ein Lernfeld.

Das also sind meine aktuellen Lernfelder. Aber beim Nachdenken wird mir schon klar, dass hier wesentliche Schritte der Veränderung liegen. Auch wenn sie auf den ersten Blick vielleicht gar nicht so umfassend klingen, bedeuten sie doch eine ganze Menge für meine grundlegende Lebensgestaltung.

Aber das sind nicht die einzigen Fragen. Oft ist die Lebensmitte eine Phase der Neuorientierung, der Übernahme neuer Rollen und vor allem der Einsicht, dass ich für meinen Lebensweg verantwortlich bin. Und vielleicht brauche ich Zeit, die Einsicht nicht nur zu haben, sondern dann auch umzusetzen. Da gibt es Rollen, die mir leichter fallen, und andere, vor denen ich mich lieber drücken möchte. Dazu kommt, dass für viele die notwendige Unterstützung der alt gewordenen Eltern zusammenfällt mit der Phase, in der die Kinder zwar das Haus verlassen, sich aber auch darüber freuen, wenn sie zumindest punktuell unterstützt werden. Schnell sitzt man ziemlich ungemütlich zwischen allen Stühlen und das Gefühl macht sich breit, keinem wirklich gerecht zu werden. Die eigene Freizeit, die Zeit, das Leben zu zweit noch mal neu aufzubauen, bleibt dann schnell auf der Strecke, obwohl das jetzt so wichtig wäre.

»Was heißt es aber konkret, dass ich für mein Leben verantwortlich bin? Welche Weichen müssen jetzt gestellt werden?«

Was heißt es aber konkret, dass ich für mein Leben verantwortlich bin? Wie wirkt sich das ganz praktisch auf meine Lebensgestaltung aus? Und welche Weichen müssen jetzt gestellt werden? Trotz allem, was ich dazu tun muss, sind es Bereiche, die ich auch anpacken kann. Das sieht jedoch bei der nächsten Frage etwas anders aus.

Die wechselhaften Jahre

»Das hätte ich nicht für möglich gehalten, dass meine Hormone einfach machen, was sie wollen. Eigentlich bin ich doch eine disziplinierte Frau, die ihr Leben geregelt bekommt. Jetzt erkenne ich mich oft nicht wieder.« Diese Worte einer Autorin, die ich sehr schätze, habe ich noch im Ohr. Eine fitte und dynamische Frau, durch deren Artikel ich schon so einiges gelernt habe. Und nun das! Kann es also jede treffen? Was gilt es auszuhalten, was kann ich aber auch tun, um es mir etwas leichter zu machen?

Und wieder ist es so, wie eigentlich so oft: Wir haben manches gemeinsam, erleben es dann aber auch wieder sehr unterschiedlich. Für die Wissenschaft ist es nach wie vor ein Rätsel, weshalb eine Frau ihre Fruchtbarkeit verliert. »Das ist in der Natur fast einzigartig. Und für Frauen anstrengend. Die Hormonwallungen während der Wechseljahre verändern ihren Körper und greifen tief in das ein, was sie fühlen und denken. Allerdings leitet diese Zeit zugleich einige der glücklichsten im weiblichen Leben ein.«[7] Der Katalog dessen, was eine Frau in diesen Jahren erwarten kann, reicht von unregelmäßigen Blutungen und Hitzewallungen über Schlafstörungen und sexueller Unlust bis zu extremen Stimmungstiefs. Oft treffen körperliche Faktoren auf andere Herausforderungen in diesem Lebensabschnitt: Kinder, die ihre eigenen Wege gehen, in Routine erstarrte Ehen, berufliche Herausforderungen und Eltern, die pflege- und betreuungsbedürftig werden.

Längere Zeit hat man versucht, diesen unangenehmen Veränderungen durch die Gabe von Hormonen abzuhelfen. Da die Nebenwirkungen deutlich spürbar sind, ist man heute in der Regel davon abgekommen. Auf jeden Fall ist es gut, diese Fragen mit der eigenen Gynäkologin zu besprechen und nicht verschämt für sich zu behalten, sondern Beratung in Anspruch zu nehmen. Mir hilft es in solchen Momenten oft schon einfach zu wissen, dass das normal ist und dass ich damit ganz sicher nicht alleine bin. Tja, und statistisch gesehen hat jede dritte Frau keine nennenswerten Beschwerden. Auch das ist möglich. »Dauerhaft kann eine Frau die Hormonumstellung in ihrem Körper aber am besten durch ihre Lebensführung abfedern. Sport etwa mildert die Hitzewallungen und stärkt das Skelett, ebenso der Verzicht auf Zigaretten. Und eine Ernährung mit viel Obst, Gemüse und fettarmen Milchprodukten hält Herz und Knochen gesund.«[8]

Vielleicht ist das jetzt die Zeit, in der ich anfange, auch in diesen Bereichen gut für mich zu sorgen. Es nicht dem Zufall zu überlassen, sondern Bewegung und Zeit an der frischen Luft in meinen Alltag einzuplanen. Manche Veränderungen kommen – ob ich will oder nicht. Doch wie ich mit ihnen umgehe, das habe ich schon in der Hand.

Und was kommt dann?

»Nun gehst du auf die 60 zu«, meinte eine Freundin kurz nach meinem 50. Geburtstag. Na, vielen Dank auch, diese Ermutigung habe ich jetzt gebraucht! Während ich noch heftig damit kämpfe, dass meine

Altersangabe jetzt mit einer fünf beginnt, erinnert sie mich schon an den nächsten Schritt. Doch auch der wird einmal kommen. Aufmerksamer als bisher beginne ich damit, ältere Menschen bewusst wahrzunehmen. Ich frage mich: Was trägt wohl wesentlich dazu bei, dass Menschen zufrieden älter werden? Und gibt es neben manchen Herausforderungen nicht auch viel Gutes zu entdecken? Martin Buber sagte dazu einmal: »Alt sein ist eine herrliche Sache, wenn man nicht verlernt hat, was anfangen heißt.«

»Alt sein ist eine herrliche Sache, wenn man nicht verlernt hat, was anfangen heißt.«

Neugierig und beweglich bleiben – laufen und lernen, lieben und lachen! Eine etwas zu einfache Formel? Vielleicht gilt sie nicht in jedem Fall, trotzdem bedeutet äußerlich beweglich zu sein nicht selten auch eine innere Dynamik. Wenn Freunde von uns mit Mitte siebzig jeden Tag mit ihren Walking-Stöcken unterwegs sind, ihrem Alltag eine Struktur gegeben haben, bis heute reisen – strahlen sie eine Bewegung aus, die andere schon mit fünfzig verloren haben oder vielleicht niemals hatten.

Beschreiben die einen das Alter vor allem als eine Lebensphase, in der alles zu Ende geht, sind andere noch einmal ganz neu unterwegs. Natürlich ist mir klar, dass auch hier nicht jeder die gleichen Voraussetzungen hat. Ganz sicher sind dem einen oder anderen vor allem auch körperliche Grenzen gesetzt. Und doch: Auch damit kann man ganz unterschiedlich leben. Ich denke an eine Tante, die in ihren Achtzigern fünf Jahre lang gepflegt wurde. Schwach und krank konnte sie das Bett kaum noch verlassen. Wenn man sie besuchte und fragte: »Sag doch mal, wie geht es dir?«, antwortete sie jedes Mal: »Danke, gut!« Von außen betrachtet sah das überhaupt nicht nach »gut« aus.

Aber in ihren weißen Kissen strahlte sie einen Frieden aus, der mit Worten nicht zu beschreiben ist. Und ihre Augen blitzten freundlich, auch wenn ihr Körper matt und müde war. Sie konnte ihre Situation nicht verändern, aber wie sie damit umging, war ihr Weg zu leben. Da wir nicht in der Nähe wohnen, habe ich sie nur wenige Male besucht. Aber diese Besuche sind für mich zu einem echten Schatz geworden. Ihr Leben spiegelte etwas von dem Gott wider, der sie auch dann getragen hat, als sie nicht mehr konnte: *»Auch bis ins hohe Alter bin ich derselbe, und ich will euch tragen, bis ihr grau werdet!«* (Jesaja 46,4). Und ganz sicher zeigte sich in ihrem Leben auch etwas davon, was sie gesät hatte, als es noch möglich war. Ihre Tür war immer offen. Wie oft haben sich ganz verschiedene Menschen an ihrem Kaffeetisch getroffen. Als sie nicht mehr konnte, haben sich die Menschen zu ihr auf den Weg gemacht.

»Nicht aufhören anzufangen!« Vor allem nicht aufhören anzufangen, anderen Gutes zu tun. Das kann auch mal anstrengend sein. Erinnern Sie sich an den Englischkurs, von dem ich eben erzählt habe? Wenn es mir schon schwerfiel, wie muss es dann erst der fast 80-jährigen Teilnehmerin gehen? Doch sie macht tüchtig mit! Schließlich möchte sie Englisch sprechen können, damit sie die Flüchtlinge in ihrer Kirchengemeinde ansprechen kann. Wenn das kein Projekt ist!

Unsere Generation hat für dieses Anfangen heute mehr Gelegenheit als alle Generationen vor uns. Und eben darum kommt an dieser Stelle das Lebensphasen-Modell von Erikson an seine Grenzen. Das »späte Erwachsenenalter« und der Ruhestand sind heute nicht mehr nur eine große Phase, sondern für viele ein Weg mit mehreren Etappen. In einem Alter, in dem nicht wenige aus der Generation unserer Großeltern schon ziemlich kraftlos wirkten, gibt es heute für viele noch einmal einen neuen Aufbruch.

Damit will ich es an dieser Stelle einmal belassen. Denn über etwas zu reden, das man selbst noch nicht erlebt hat, gilt es besonders vorsichtig zu sein. Eine Frage, mit der wir uns allerdings schon jetzt beschäftigen, ist die der letzten Wegstrecke. Noch nicht für uns selbst, aber doch in der Beratung und Begleitung der Eltern. Dazu an dieser Stelle gleich zwei Veränderungsgeschichten:

Veränderung: Allein – aber nicht einsam

Es ist morgens 8 Uhr. Vorsichtig und ein wenig mühsam versuche ich, wach zu werden. Die letzten Wochen waren so anstrengend. Mein Mann hat einen Schlaganfall erlitten. Die Besuche im Krankenhaus und später in der geriatrischen Reha, das Wieder-gehen-Lernen, die Sprechübungen, das Eingeständnis, dass viele Funktionen verloren gegangen sind, die bange Frage, ob er wieder nach Hause kommen kann und ob ich noch mal eine Pflege bewältigen würde – das alles hatte mich im Innersten unendlich müde gemacht. Da ich als junge Frau meinen Schwiegervater neun Jahre gepflegt hatte, wusste ich genau, was auf mich zukommen würde.

Da merkte ich, dass meine Tochter, die gerade zu Besuch war, sich an mein Bett setzte, mir ganz zart übers Gesicht streichelte und sagte: »Mutti, der Vati ist heute Nacht gestorben!« Ein zweiter Schlaganfall hat sein Leben beendet. Nicht Abschied nehmen zu können ist bitter. Gerne hätte ich noch mit Hans über unsere 51 gemeinsamen Jahre geredet, ihm gedankt und ihn losgelassen. Die letzten Tage waren aber ganz der Wiederherstellung gewidmet – an Abschied hatten wir nicht gedacht. Dass Hans den Weg in die Demenz nicht bis zu Ende gehen und ich mit 76 Jahren keine Pflege mehr machen musste, ist für mich Gnade. In meinem Inneren sehe ich Hans jetzt in der Welt Gottes: Er lebt dort im Licht, im besten Mannesalter, befreit von den Gebrechen des Alters. Ihn so zu sehen hilft mir loszulassen. Aber nun bin ich allein. Unsere Kinder wohnen alle einige Hundert Kilometer entfernt, sind berufstätig, haben Familie.

Allein, aber nicht einsam. Als klar war, dass unsere Kinder nicht in Augsburg leben und arbeiten würden, hatten wir uns nach viel Nachdenken und Gebet entschlossen, mit Freunden zusammenzuziehen, mit denen uns eine gemeinsame Aufgabe in einem diakonischen Dienst verbindet. In einem Neubaugebiet hatten wir mit sechs Familien die Möglichkeit, in einer Straße zu bauen. Jeder hat sein eigenes Haus, aber nur kurze Wege, sich zu begegnen. Wir beten miteinander, weinen und freuen uns, treffen uns auf einen Cappuccino oder zum Essen, helfen mit fehlenden Eiern aus – es ist ein wenig wie Familie. Als unsere Kinder hörten, dass wir in unserem Alter noch einmal bauen wollten, waren sie entsetzt. Hans war 73 und ich 69 Jahre alt, als wir eingezogen sind. Später sagten sie: »Ihr habt das einzig Richtige gemacht!«

Die Bauzeit aber war eine einzige Katastrophe. So viele Dinge gingen schief, dass selbst die Handwerker den Kopf schüttelten und wir fast irregeworden sind an unserer Entscheidung. Hatten wir Gott nicht richtig verstanden? Wollte er das nicht und lag da kein Segen drauf? Unser großes Familienhaus konnten wir nur sehr schwer verkaufen. Wer braucht heute schon neun Zimmer? Es war für eine Familie mit einem Opa im Rollstuhl gebaut worden und ließ sich nicht gut in ein Zweifamilienhaus umwandeln. So kamen auch noch Geldsorgen dazu. In dieser Zeit haben wir konkreter auf die Hilfe Gottes vertrauen müssen als in den ruhigen Jahren zuvor. Wir konnten es nicht immer gut. Diese Veränderung hat Tränen, Mutlosigkeit bis hin zur Verzweiflung ausgelöst, aber auch das Vertrauen gestärkt, dass Gott aus Mist Dünger machen kann. Er hat etwas Gutes mit uns vor, auch wenn es sehr angefochten ist. Sechseinhalb Jahre haben wir gemeinsam in dem neuen Haus und in der Gemeinschaft mit den Freunden gelebt und uns immer wieder daran gefreut, wie gut es doch geworden war.

Und nun bin ich allein. Im letzten Jahr, als Hans immer schwächer wurde, habe ich vieles noch von ihm gelernt, was ich jetzt brauche: Zum Beispiel Onlinebanking, die raffinierte Heizung zu verstehen, mit Handwerkern zu verhandeln oder online einzukaufen. Meine Freundin hatte ihm immer wieder geraten: »Erzieh deine Frau zur Witwe!« Der Papierkrieg wegen der Witwenrente, der Versicherungen, der ganze Ämterkram, mit dem ich nie vorher was zu tun hatte, ist bis heute eine Herausforderung. Aber das kann man lernen, auch mit der treuen Hilfe unserer Kinder. Dass niemand mehr »Guten Morgen« oder »Gute Nacht« sagt, dass keiner da ist, wenn ich von einem Dienst zurückkomme, dass niemand ganz selbstverständlich mit am Tisch sitzt bei den Mahlzeiten und dass ich nicht mehr in den Arm genommen werde, wenn es mir schlecht geht – das tut weh. Und das wird wohl auch so bleiben.

Vieles muss ich nun allein entscheiden, worüber ich mich sonst mit Hans beraten habe, und ich merke, dass ich mich auch ganz gerne hinter seinen Entscheidungen versteckt (und trotzdem manchmal gemeckert) habe. In ganz neuer Weise muss ich Verantwortung für mein Leben übernehmen. Aber ich genieße auch neue Freiheiten: Jetzt kann ich in der Mittagssonne spazieren gehen, anstatt zu kochen, kann meinen Tag planen, wie es für mich gut ist, kann spontane Besuche machen und wieder längere Dienste übernehmen. Das hatte ich in den letzten Jahren nicht mehr gemacht, weil es Hans nicht gut ging.

Den ersten Stock unseres Hauses habe ich inzwischen an drei Studentinnen vermietet, das bessert die Witwenrente auf und es ist wieder Leben und Lachen im Haus. Dazu musste ich natürlich ausräumen, mich von vielem trennen, was uns in den 51 gemeinsamen Jahren begleitet hat. Das war nicht leicht – es war ja unsere gemeinsame Geschichte. So vieles noch einmal in die Hand zu nehmen, seine Schrift immer wieder zu sehen, seinen Geruch zu atmen und immer wieder das innere »Nie-wieder« zu spüren hat mich viel gekostet und fast krank gemacht. Da bin ich wirklich durch ein Tal der Tränen gegangen.

Es waren viele Veränderungen in den letzten zehn Jahren – mehr als in den 40 Jahren davor. Sie haben mich wachsen lassen in einem tieferen Vertrauen in die Fürsorge Gottes. Jetzt bin ich 77 Jahre alt, also kein Nachwuchssenior mehr, und werde alt. Da werden Veränderungen auf mich warten, die noch tiefer als bisher gehen. Wenn die eigenen Kräfte immer weniger werden, muss ich mich darauf verlassen, dass unter mir die ewigen Arme sind und ich nie tiefer fallen kann als nur in Gottes Hand.

Irene Müller ist 77 Jahre alt und lebt in Augsburg. Sie ist immer noch unterwegs als Referentin bei Frühstückstreffen, arbeitet als Prädikantin in ihrer ev.-luth. Gemeinde und ist mit Wonne Oma von 8 Enkelkindern.

Veränderung: Wir haben hier keine bleibende Stadt

Mit diesen Worten drückt der Schreiber des Hebräerbriefes aus, dass Christen immer unterwegs sind. Und solange wir unterwegs sind, verändert sich unser Leben. Genau genommen stagniert es eigentlich nie, aber kleine Veränderungen registrieren wir streckenweise kaum. Große Veränderungen kündigen sich oft an, z. B. durch Berufswechsel, durch die Tatsache, dass ein Lebensabschnitt zu Ende gegangen ist – oder durch eine schwere Krankheit. Von solch einer Veränderung möchte ich berichten.

Nach unseren langen Ruhestandsjahren in Marburg mussten wir aus verschiedenen Gründen umziehen. Eine unserer Töchter, die mit ihrer Familie in Burscheid lebt, entdeckte für uns eine schöne kleine, fast barrierefreie Wohnung mit einer Terrasse. Schon nach kurzer Zeit hatten wir uns dort gut eingelebt. Eine überschaubare freikirchliche Gemeinde verhalf uns dazu, dass wir bald heimisch wurden. Leider verschlechterte sich der Gesundheitszustand meines Mannes so schnell, dass auch diese Wohnung schon nach vier Jahren seinen Bedürfnissen nicht mehr entsprach. Nachdem er an einem Tag gleich zweimal gestürzt war, wurde uns klar: Eine Veränderung war absolut notwendig. Aber wohin? Das Alten- und Pflegeheim in Burscheid hatten wir inzwischen recht gut kennengelernt, aber so konnten wir uns unser Leben im Alter nicht vorstellen. Was uns vorschwebte, war eine geistliche Wohngemeinschaft alter Menschen mit größtmöglicher Selbstständigkeit in der Lebensgestaltung. Ganz kurz hatten wir dieses Modell im »Diakonissenmutterhaus Bethanien« in Solingen-Aufderhöhe kennengelernt. Dort hatte sich der Vorstand des Werkes nach zahlreichen Heimgängen von Diakonissen entschlossen, gläubige alte Menschen aufzunehmen. Einige Jahre vorher hatten wir uns um einen Platz beworben, aber alle drei Appartements für Ehepaare waren seit Jahren belegt. Deshalb hatte unsere Tochter uns die Wohnung in Burscheid gesucht.

Zwei Tage nach den Stürzen meines Mannes und unseren intensiven Gebeten um eine Lösung unseres Problems rief die Leiterin der Einrichtung des Diakonissenmutterhauses bei uns an. Sie fragte, ob wir uns vorstellen könnten, in zwei Einzelapartments zu wohnen – statt in einem für Ehepaare. Das war ein Novum für das Haus – für uns eine fast unglaubliche Gebetserhörung. Sie kannte unsere derzeitige Situation nicht. Wie sie selber sagte, hatte Jesus ihr diesen Gedanken eingegeben. Es fanden noch einige Gespräche statt, in denen ganz klar wurde, worauf wir uns einlassen würden: Offenheit, um in einer Gemeinschaft zu leben, und die innere Bereitschaft, uns an den geistlichen Angeboten zu beteiligen.

In diesem Haus gibt es das, was wir uns für unser Leben im Alter gewünscht hatten: Freiheit in der Alltagsgestaltung. Jeder Bewohner kann entscheiden, ob er seinen kleinen Haushalt selber führen will, indem er zum Beispiel kochen möchte, oder ob er das Essen im Speisesaal bevorzugt. Und ebenso, ob er Hilfe bei der Hausarbeit in Anspruch nehmen will oder nicht. Die Teilnahme an den geistlichen Angeboten – Morgenandachten und Abendgebete – ist ebenfalls freiwillig. Diese geistlichen Treffen sind für uns Herzenssache – ebenso wie die angebotene Seelsorge. Die Begegnungen mit anderen und was sich daraus entwickelt, hängt von jedem selbst ab. Niemand muss hier alleine oder einsam sein, aber jeder kann sich zurückziehen, wenn ihm danach zumute ist.

Manche unserer Besucher haben schon gemerkt, dass dieses Haus eine besondere Atmosphäre ausstrahlt. Für mich ist das leicht zu erklären: Hier wird viel gebetet, alleine, miteinander, füreinander. Wir lernen von den Gebeten unserer Mitbewohner, aus den Gesprächen mit ihnen und profitieren von der praktischen Hilfe untereinander. Besondere Höhepunkte sind die Feste, die wir hier feiern, an den kirchlichen Feiertagen oder zu runden Geburtstagen. Die Mithilfe der jüngeren Bewohner trägt wesentlich zum Gelingen der Feste bei und das gute geistliche Wort unserer Leiterin, die für uns eher eine Hausmutter ist.

Auch Schweres und Leidvolles erleben wir miteinander: Krankheit, Abschiednehmen, Sterben. Was in den Gebeten immer wieder anklingt, ist die Sehnsucht nach der ewigen Heimat. Bei jedem, der hier neu zuzieht, vollzieht sich fast nebenbei und scheinbar ohne eigenes Zutun eine Veränderung. Durch das Miterleben der Schwierigkeiten und Nöte der anderen wird unsere eigene und zunehmende Altersschwäche normaler. Es ist eine große Hilfe auf dem Weg, uns selbst nicht so wichtig zu nehmen mit unseren diversen Leiden und Krankheiten, sondern an anderen mitzuerleben, wie sie oftmals bewundernswert tapfer viel schwerere Lasten tragen. »Einer komme dem anderen mit Ehrerbietung zuvor« (Römer 12,10) ist hier keine Floskel, sondern wird gelebt. Natürlich geschieht das mit allen menschlichen Begrenzungen – schließlich sind wir noch nicht im Himmel.

Renate Laubach ist 86 Jahre alt und lebt mit ihrem Mann in Solingen-Aufderhöhe.

Gotteserfahrung im Lebenslauf: Wenn der Glaube sich verändert

Glauben geht nicht ohne Veränderung. Schon Glaube an sich ist eine große Veränderungsgeschichte. Wie war das, als Jesus seine Jünger gerufen hat? Da gab es keine lange Vorbereitungszeit. Von jetzt auf gleich haben sie alles stehen und liegen lassen, haben alles zurückgelassen und sind mit ihm gegangen. Das und nichts weniger heißt Nachfolge. Alles zurücklassen, um Jesus zu folgen! Wie war das für die Jünger damals? Und was bedeutet Nachfolge heute, in einer Welt, die sich ständig verändert? Meine eigene Glaubensgeschichte steht also nicht für sich, sie ist eingebettet in die große Veränderungsgeschichte Gottes mit dieser Welt. Das macht bescheiden. Und ja, das macht mein Leben manchmal vermutlich nicht leichter – aber lebendiger.

Meine Glaubensgeschichte war von Anfang an Teil meiner Lebensgeschichte. Ich kenne es nicht anders, habe es mir auch nicht wirklich ausgesucht. Gott gehörte schon immer dazu. Nicht nur in der Freien evangelischen Gemeinde, aus der ich stamme, sondern auch zu Hause habe ich biblische Geschichten gehört. Aber nicht nur die Geschichten, besonders auch die Lieder haben ihre Spuren hinterlassen. Ich mochte sie, zumindest viele davon. Feste Rituale wie das Abendlied »Breit aus die Flügel beide« gehörten einfach dazu und sie lassen bis heute etwas anklingen in meinem Herzen. Dazu kamen die Menschen in der Gemeinde, mit denen wir unser Leben geteilt haben. Da wimmelte es nur so von christlichen »Schwestern« und »Brüdern« – für mich von »Onkeln« und »Tanten« – und ich habe später lange gebraucht, bis ich verstanden hatte, wer nun wirklich zur Verwandtschaft gehört und wer nicht. Relativ früh lernte ich, dass ich Fragen stellen durfte. Das war in den 1970er-Jahren und in der frommen Kultur, in der ich aufgewachsen bin, längst nicht überall so, im Gegenteil. So erlebte ich trotz allem ein Stück Weite.

Eine Frage, die mich als Kind und Jugendliche immer wieder beschäftigt hat, lautete: »Wann kommt Jesus wieder?« Denn auf diesen Zeitpunkt sollte man vorbereitet sein. Sehr gut kann ich mich an Augenblicke erinnern, in denen ich höchst beunruhigt war, wenn keiner zu Hause war. »Jetzt hat er alle mitgenommen – und du bist nicht dabei!« Bei Liedern wie: »Bist du bereit, wenn Christus erscheint?«, ist das vermutlich auch kein Wunder. Trotzdem würde ich nicht sagen, dass ich ein ausdrücklich ängstliches Gottesbild hatte. Das hängt sicher auch damit zusammen, dass meine Eltern keinen Druck ausgeübt haben.

Und ich bin in der Gemeinde und überregionalen Jugendarbeit Männern und Frauen begegnet, die mich und meinen Glauben wirklich gefördert haben. Der Dichterpfarrer Kurt Marti sagt es einmal so: »Christ bin ich geworden und geblieben durch andere Menschen, in deren Freundschaft mir die Menschenfreundlichkeit Gottes begegnet ist. Christ bin ich geworden und geblieben durch Männer und Frauen, die mir Mut zu mir selber machten.«

Die Freie evangelische Gemeinde war der Startpunkt meiner Glaubensreise, mit einer evangelischen Stadtmission innerhalb des Gnadauer Verbandes ging es weiter. Später kamen überkonfessionelle Werke wie die SMD (Studentenmission Deutschland), die Evangelische Hochschule TABOR und der BLB (Bibellesebund) dazu. Seit wenigen Jahren gehören nun auch die Deutsche Bibelgesellschaft und das Bibliolog-Netzwerk zu wesentlichen Stationen dieser Reise. Sie alle haben ganz sicher mein Bild vom Glauben verändert. Jede Gemeinde, jedes Werk hat mich auf seine Art geprägt. Heute gehören wir zur Kirchengemeinde hier vor Ort und ich bin in die Württembergische Landeskirche eingetreten. Nicht nur äußerlich, sondern vor allem innerlich bedeutet das wesentliche Entwicklungsprozesse in meinem Leben.

Äußerer Rahmen – innere Entwicklungen

Das sind schon ganz verschiedene Stationen, die mir erst beim Schreiben noch einmal so deutlich vor Augen traten. Und ganz sicher sind sie ein reicher Schatz meines Lebens. Sie haben aber auch ihre Spuren hinterlassen, was nicht nur eine Frage des äußeren Rahmens ist, sondern auch, wie ich damit umgegangen bin. Und nicht die Stationen und Institutionen sind wesentlich, sondern vor allem die Menschen, mit denen wir unseren Glauben geteilt haben. Manches, was mir zunächst ziemlich fremd war, gehört heute zu meinem Glauben dazu – und das ist gut so. Zum Beispiel liebe ich heute Liturgie und Orgelmusik, dabei bin doch völlig ohne aufgewachsen! Oder andere Menschen in ihrer Art und Weise, den Glauben zu leben, kennenzulernen, ihn miteinander teilen zu können – das ist schon eine besondere Erfahrung.

Freiwilligkeit und Engagement sind Teil des Glaubens, wie ich ihn gelernt habe. Dazu gehören einige Möglichkeiten, sich auszuprobieren. Aber da zu sein und einfach nur einen Stuhl zu wärmen, das gab es nicht. Freiwillig also schon – und dabei vielleicht doch ein bisschen »gelenkt freiwillig«. Mir hat das nicht viel ausgemacht, hatte ich doch das Gefühl, meine Gaben ausleben zu können. Mit knapp 15 Jahren habe ich die Mädchen-Jungschar geleitet: Rauf aufs Fahrrad, die Gitarre am Lenker – und los ging es! Aber es hat mir wirklich Spaß gemacht. Relativ früh lernte ich, dass ich etwas tun kann und dass mein Leben auch bedeutsam ist für andere. Der Leiter der überregionalen Jugendarbeit, zu der ich gehörte, hat immer wieder betont: »Gott würdigt uns, seine Mitarbeiterinnen und Mitarbeiter zu sein!« Eine Würde, also etwas, was er mir anvertraut. Engagement unter einem ermutigenden Vorzeichen. Davon ist etwas geblieben – bis heute: Wo ich bin, gehöre ich dazu – und hier setze ich mich ein.

Doch irgendwann ist zu diesem positiven, ermutigenden Einsatz eine zweite Seite hinzugekommen: nämlich die Sorge, dass das, was ich tue und wie ich es mache, nicht genügt. Und damit es reicht, muss ich mich schon anstrengen. Ich weiß nicht genau, wann sich diese zweite Seite entwickelte. Aber ich finde es zunächst eine spannende Entdeckung, mich an den ermutigenden Start zu erinnern. Das ist eine überraschende Beobachtung, über die ich sicher weiter nachdenken werde. Vielleicht auch mit der Frage: »Was könnte das hier und heute bedeuten, dem noch einmal nachzuspüren? Und wie könnte ich heute wieder daran anknüpfen? Wer hat eigentlich gesagt, dass das nicht geht?«

»Dachte ich mit Anfang zwanzig noch, dass irgendwann
die wesentlichen Fragen wohl beantwortet sind,
habe ich heute mehr Fragen denn je.«

Aber mein Glaube hat sich auch verändert. Dachte ich mit Anfang zwanzig noch, dass irgendwann die wesentlichen Fragen wohl beantwortet sind, habe ich heute mehr Fragen denn je. Es geht für mich aktuell nicht in erster Linie darum, was richtig und falsch ist, sondern eher um Fragen wie: »Ist Gottes Herz nicht viel größer, als ich es bisher dachte? Sind bei ihm vielleicht auch – oder sogar in besonderer Weise – die Menschen willkommen, die bei uns keinen Platz haben? Welche Fragen sind ihm wichtig? Und sind die, die wir so heiß diskutieren, wirklich dabei?«

Lebensmitte als geistliche Aufgabe

Ich erlebe diese Zeit der Lebensmitte, die ich gerade durchlebe, auch als eine geistliche Aufgabe.[9] Gedanken wie diese hat sich schon im 14. Jahrhundert der Mystiker Johannes Tauler gemacht. Er beschreibt die Lebensmitte als einen Ort, in der das Lebenshaus noch einmal kräftig durchgeschüttelt wird, mit dem Ziel, dass es zu einer ganz neuen Gottesbegegnung und Gotteserfahrung kommt. Nun wird keiner behaupten, dass durchgeschüttelt zu werden das ist, was man sich wünscht oder worauf man nur gewartet hätte. Und den Impuls, davor zu fliehen, nennt Tauler schon zu seiner Zeit sehr realistisch: Menschen weigern sich, sich mit eigenen Mängeln zu beschäftigen, und kämpfen lieber außen, statt innen zu suchen. Sie klammern sich an religiöse Übungen, die ihnen schon lange nichts mehr sagen, oder probieren so vieles aus, dass sie nicht zur Ruhe kommen.

Stattdessen aber könnten wir wahrnehmen, dass gerade jetzt der Heilige Geist selbst an unserem Herzen etwas tun kann. Und mich darum nicht zu schützen im Sinne von »abschotten«, sondern die Erschütterung zuzulassen, damit Gott an meinem Herzen handelt. Darin liegt für Tauler eine zentrale Aufgabe der Lebensmitte. Dazu empfiehlt er eine Übung, die auch heute in der Psychologie eine Rolle spielt: das Imaginieren. Das heißt, ich schaue mir die Bilder an, die aus meinem Unterbewusstsein auftauchen, und beobachte sie. Auf diese Art und Weise komme ich den Motiven meines Handelns auf die

Spur, kann erfahren, was mich wirklich bewegt. Bilder, die in meinem Herzen immer wieder auftauchen, sind Blicke, die ich wahrnehme. Das kann schön und wohltuend sein – für mich sind es jedoch vor allem taxierende und bewertende Blicke, die sich da melden. Besonders in Momenten, in denen ich mich müde fühle, kommen sie und machen es mir zusätzlich schwer. Diesen Blicken habe ich einmal nachgespürt und sie in der Seelsorge angeschaut:

⇨ Wo kommt ihr her?
⇨ Wozu treibt ihr mich an?
⇨ Und wieso gebe ich euch das Recht, euch hier so breit zu machen?

In einem Gespräch hat mir meine Seelsorgerin die Aufgabe gegeben, mir doch einmal vorzustellen, wie Jesus mich anschaut. Klingt nicht so schwierig, aber ich bin damit erst einmal nicht zurechtgekommen. Deshalb glaube ich, dass die Übung, die Tauler empfiehlt, genau das braucht: dass ich es einübe, lerne, versuche. Das habe ich gemacht. Da wir kurz nach dem Gespräch im Urlaub waren, hatte ich mehr Zeit als sonst. Immer wieder habe ich diese Frage in der Stille bewegt. Ich wollte mich auch nicht mit guten, richtigen christlichen Antworten begnügen: Natürlich schaut Jesus mich freundlich und liebevoll an. Was aber, wenn ich wahrnehme, dass die anderen Blicke in meinem Leben viel dominanter sind?

An einem der Tage haben mein Mann und ich eine kleine Kirche besucht. Sie wurde nur einmal in der Woche geöffnet und die Dame, die dafür zuständig war, freute sich, uns alles zeigen und erklären zu dürfen. Diese Kirche am Berg besteht aus drei Apsiden: In der Mittelapsis befindet sich ein Bild des segnenden Christus aus dem 12. Jahrhundert. Das Verblüffende daran ist: Egal, wo man in dieser Kirche steht, immer hat man den Eindruck, dass dieser segnende Christus den eigenen Blick sucht. Man muss sich gar nicht bemühen, man wird von diesem Blick gefunden: einem freundlichen, suchenden, barmherzigen Blick. Unter diesem Bild steht der Bibelvers aus Matthäus 11,28: *»Kommt her zu mir alle, die ihr mühselig und beladen seid, ich will euch erquicken!«* Für mich ist seitdem dieses Bild, dieser Blick, mit diesem Vers verbunden – mit dieser Einladung Jesu selbst. Ich bin gefunden von seinem Blick und dieser Blick begründet mein Leben.

»Ich bin gefunden von seinem Blick und dieser Blick begründet mein Leben.«

Nachträglich klingt das alles vielleicht eigentlich gar nicht so schwer. Aber bis es so weit war, hat es in meiner Seele ziemlich rumort. Und ich glaube (oder befürchte), das gehört wohl dazu. Einfacher ist es nicht zu haben. Aber ich erlebe genauso, dass mich dieser Prozess auch dazu geführt hat, meinen Glauben noch einmal neu zu erleben. Ein Wort von Romano Guardini fasst dieses Erlebnis sehr treffend zusammen:

»Immerfort empfange ich mich aus deiner Hand.
Das ist meine Wahrheit und meine Freude.
Immerfort blickst du mich voll Liebe an
und ich lebe aus deinem Blick.
Du, mein Schöpfer und mein Heil.
Lehre mich in der Stille deiner Gegenwart
das Geheimnis zu verstehen, dass ich bin.
Und das ich bin durch dich
und vor dir
und für dich.«

Zweifel und Glauben

Aber noch einmal zurück zu den Fragen. Immer wieder tauchen in den letzten Jahren stärker als vorher Zweifel und Fragen auf. Ich möchte sie zulassen, auch wenn ich das manches Mal schwierig erlebe. Darüber hinaus wünsche ich es mir, dass dort, wo ich unterwegs bin, Menschen ihre Fragen stellen. Neulich sagte eine Frau zu mir: »Wissen Sie, diese Frage hat in meiner Gemeinde keinen Platz. Wenn die wüssten, was ich wirklich denke, dürfte ich mich dort nicht mehr blicken lassen.«

Was hat bei uns Platz? Darf ich das sagen? Was ist, wenn ich gerade nicht glauben kann? Was hält und trägt mich, wenn es dunkel ist? Und gibt es einen Weg, zum Vertrauen zurückzufinden? Welche Menschen, welche Worte tragen gerade jetzt? Immer wieder hoffe und bitte ich in den letzten Monaten oft gegen meine eigenen Zweifel. Manchmal sage ich mir Sätze wie: »Denn ich bin gewiss«, auch wenn diese Worte erst mal nur für meinen Kopf sind. Ich hoffe und bitte, dass sie einen Weg zu meinem Herzen finden.

Rituale – Geländer meines unsicheren Glaubens

Der Theologe Reinhard Deichgräber beschreibt den Glauben in der Lebensmitte einmal sinngemäß so: Irgendwann stelle ich fest, dass die alten Schuhe des Glaubens anfangen zu drücken. Aber neue stehen noch nicht bereit. Wie kann ich jetzt und heute Formen finden, meinen Glauben zu leben?

Das erlebe ich ganz unterschiedlich – bei mir selbst, aber auch bei den Menschen, denen ich begegne. Fünf Jahre war ich beim Bibellesebund Redakteurin der »atempause«, einer Bibellese-Zeitschrift für

Frauen. Es war besonders spannend, unterwegs Leserinnen zu treffen. Ich habe mich immer gefreut, wenn »atempause« Frauen – aber auch Männern! – dabei hilft, ihren Glauben zu leben. Erschrocken war ich immer dann, wenn Frauen mir so ein wenig mit schlechtem Gewissen erzählt haben: »Wissen Sie, ich schaffe das aber nicht jeden Tag!« Als ob ich unterwegs wäre, um das zu überprüfen! Das hat mir dann auch zu schaffen gemacht. Um nichts in der Welt möchte ich mich doch daran beteiligen, Menschen ein schlechtes Gewissen zu machen. Und ja, ich schaffe es auch nicht jeden Tag. Aber was bedeutet »schaffen«? Ist das die richtige Kategorie, wenn wir darüber sprechen, welche guten Formen und Gewohnheiten mein Glaube heute hat? Welche Rituale helfen mir, meine Beziehung zu meinem himmlischen Vater zu leben? Und wer hat eigentlich das Recht zu sagen, was richtig ist? Bei mir wechseln sich unterschiedliche Dinge ab:

Losung und Lied

Seit ich verheiratet bin, lesen wir gemeinsam die Losung am Morgen. Einzelne Verse, die wir uns nicht selber aussuchen, die uns gegeben sind. Sie sprechen einmal mehr, ein anderes Mal weniger in meine aktuelle Situation hinein. Ich höre ein Wort und immer wieder nehme ich es auch mit. In diesem Jahr lesen wir die Losung auf Englisch – wenigstens ein klitzekleiner Baustein, auch etwas für meine Sprachkenntnisse zu tun. Und dann haben mein Mann und ich seit einiger Zeit angefangen, jeden Morgen zwei oder drei Strophen aus dem Evangelischen Gesangbuch miteinander zu singen. Das haben wir von älteren Freunden gelernt und seit unsere Kinder aus dem Haus sind, geht das auch bei uns. Eine wirklich schöne Gewohnheit. Immer wieder klingen den Tag über einzelne Verse in mir nach.

Walking-Gebet

Nicht jeden Tag, aber immer wieder packe ich meine Stöcke und laufe los – um Herz und Hirn zu lüften. Wenn ich dann unterwegs bin, mein Herz zur Ruhe gekommen ist, bete ich für ganz verschiedene Menschen und Anliegen. Manchmal habe ich das Gefühl, dass ich Menschen nahe bin, auch wenn wir uns länger nicht gesehen haben.

Abendgebet

Kurz vor dem Einschlafen bete ich mit den folgenden Worten aus dem »Trostlied am Abend« des Liederdichters Jochen Klepper:

»In jeder Nacht, die mich umfängt,
darf ich in deine Arme fallen,
und du, der nichts als Liebe denkst,
wachst über mir, wachst über allen.«

Und wann lese ich intensiver in der Bibel? Ich brauche es, länger bei einem Text zu verweilen. Das können einmal wenige Tage, manchmal aber sogar ein, zwei Wochen sein, in denen ich immer wieder einen bestimmten Text lese. Erst in einer Übersetzung, dann in einer anderen – z. B. mit Kommentaren. Das ist meine Form in den letzten Jahren. »Ich lese die Bibel – die Bibel liest mich!« Dieser Satz begleitet mich seit Kurzem. Ja, das wünsche ich mir. In einer guten Gewohnheit, als freundliche Einladung – aber ganz sicher nicht als eine wie immer auch geartete fromme Leistung.

5.
»Ich bin dann mal Mama!«

**Was für eine Mutter möchte ich sein –
und was für eine Mutter bin ich? Das ist die Frage.**

*»Habe Geduld in allen Dingen, vor allem aber mit dir selbst!«
(Franz von Sales)*

»Eigentlich müsste es so etwas wie einen Elternführerschein geben«, sagte meine junge Kollegin und klang dabei ziemlich resolut. Wir hatten darüber gesprochen, dass es doch gar nicht so leicht ist, Kinder auf ihrem Weg zu begleiten. Recht hat sie, meine junge Kollegin. Denn mehr als einmal habe ich mir in meinem Leben gewünscht, erst mal einen Probedurchlauf zu haben, bevor es ernst wird. Schön wär's! Beim Elternwerden – wie auch leider an anderen wichtigen Stellen – gibt's das nicht. Da ist immer alles gleich »live«. Vor einiger Zeit verfolgte unser jüngster Sohn sehr aufmerksam, wie wir beim Essen ziemlich heiß mit seinen älteren Geschwistern diskutierten. Danach meinte er ganz trocken: »Na, bis ich so weit bin, habt ihr das schon geübt!« – Stimmt!

Komisch, es gibt kaum Situationen, an die ich mich so genau erinnere, wie an die ersten Augenblicke mit unseren drei Kindern. Nun will ich Sie nicht langweilen (oder schlimmer noch: abschrecken) mit ausgiebigen Geschichten über die ersten Momente im Kreißsaal. Manchmal, wenn ich heute auf dem Behandlungsstuhl beim Zahnarzt sitze und mich ein wenig verkrampft an die Lehne klammere, sage ich etwas spöttisch zu ihm: »Herr Doktor, wie ich es geschafft habe, drei Kinder zur Welt zu bringen, ist mir nicht klar. Wo ich doch schon bei Ihrem kleinen Bohrer am liebsten die Flucht ergreifen würde.«

Ja, diese ersten Augenblicke sind schon etwas Besonderes und an jedem Geburtstag unserer Kinder werde ich an ihre Geburt erinnert. Es ist wohl das größte Geschenk unseres Lebens, das uns anvertraut wurde. Besonders in einem Fall war es auch ein richtig großes, gewichtiges Paket. Da ich in einer Schwangerschaft wegen vorzeitiger Wehen einige Monate liegen musste, wurde uns noch mal klar, dass es nun alles andere als selbstverständlich ist, gesunde Kinder zu haben. Das spürt man doch häufig erst dann, wenn es nicht so glattläuft.

Doch dann war es so weit: Wir waren Mama und Papa! Die praktischen Fragen fielen mir nicht so schwer, als gelernte Kinderkrankenschwester kam ich schon klar. Dass das Leben nicht ganz so geregelt und planbar ist wie auf einer Säuglingspflegestation, musste ich allerdings erst lernen. Schließlich ist man dort immer nur für eine Schicht zuständig und nicht rund um die Uhr. Tagsüber gelang es mir meistens ganz gut, nachts etwas weniger. Ausgeschlafene, versonnen lächelnde Mütter und Väter gibt es in der Regel nur in Elternratgebern. Müdigkeit ist Programm – und das hat mich mehr als nur »getestet«. Am Ende mit seinen Kräften zu sein – das hat mich verändert. Und weder der irrige Anspruch »Junge Eltern sind rundum glücklich, was denn bitte sonst?« noch die freundlich gemeinten Sprüche meist etwas älterer Frauen aus der Gemeinde – »Genieß die Zeit, sie geht so schnell vorbei!« – haben mir nachts geholfen. Nichts sehnte ich mehr herbei, als wieder in Ruhe schlafen zu können. Und noch mal: Wie waren durchschnittliche Eltern mit gesunden Kindern! Was und wie viel andere verkraften müssen, mag ich mir nicht vorstellen.

Was für eine Mama möchte ich sein?

Was für eine Mama möchte ich sein? Eine gute – selbstverständlich! Was aber ist eine »gute Mutter«? Wen frage ich danach – und von wem möchte ich es lieber nicht wissen? Machen wir es so wie unsere Eltern? Und wenn ja: wie seine oder wie meine? Was würde ich gerne übernehmen und was bestimmt nicht? Was ich nicht so machen wollte wie meine Eltern, vielleicht aber doch so gemacht habe, wird mir wohl erst nach und nach bewusst. Ganz sicher werde ich ihre Erziehung nicht kommentieren. Genauso wie wir haben sie es damals nach bestem Wissen und Gewissen gemacht. Im Gegensatz zu uns mussten sie aber noch die wirklich vielen und ausgeprägten Krankheiten von mir und einem meiner jüngeren Brüder verkraften. Außerdem war es eine andere Zeit. Heute käme niemand mehr auf die Idee, seine Kinder für einige Wochen alleine zur Kur zu schicken. Doch in den 70er-Jahren war das so. Dass das vor allem für mich nicht leicht war, ist keine Frage und natürlich bis heute auch Teil meiner Geschichte. Aber darum geht es an dieser Stelle nicht, sondern um die Frage: »Was für eine Mama möchte ich sein – und was für eine Mama bin ich?« Ganz sicher sind wir an dieser Stelle unseren Eltern ähnlicher, als wir oft meinen. Ich jedenfalls dachte doch manches Mal, wenn ich mit meinen Kindern schimpfte: »Du meine Güte, das war jetzt ganz deine Mutter!«

Was sich aber ganz sicher wie ein roter Faden durch mein Leben zieht: Ich möchte es gerne gut machen! Und »es gut zu machen« bedeutet für mich, mich anzustrengen. Schließlich reicht mir als Ergebnis nicht das Prädikat »ausreichend« oder »teilgenommen«. Wenn ich zurückblicke, war dieser Wunsch ganz sicher einer der großen Antreiber meines Lebens. Und wie sollte es auch anders sein – das hatte auch Auswirkungen auf die Art und Weise, wie wir unsere Kinder erzogen haben.

In diesem Zusammenhang habe ich neulich in einer Sitzung etwas erlebt, das mich tief berührt hat. Eine junge Mutter hatte ihren Säugling dabei und ich staunte nicht schlecht: In aller Seelenruhe war er dabei, wurde gestillt und strahlte in die Runde. Zur Beruhigung aller jungen Mütter vermute ich mal, dass das nicht immer so friedlich zugeht. Eines aber wurde mir an diesem Tag klar: Das hätte ich nie und nimmer gekonnt! Deshalb meldete sich auch so etwas wie ein leiser Kummer: »Wie schade! Das hast du verpasst.« Ganz sicher lässt sich die Zeit nicht für einen neuen Versuch zurückdrehen. Und manches, was mir nicht so möglich war, schmerzt mich im Rückblick auch.

Ja, ich wollte es gut machen – und das hat mich ziemlich unter Druck gesetzt! Wichtig war mir, dass wir unsere Kinder überall mit hinnehmen konnten. Was wir auch konnten – aber mit etwas weniger Anspannung wäre es wohl auch gegangen. Dass sich das Blatt heute diesbezüglich gründlich gewendet hat, ist wieder ein anderes Kapitel. Heute stehen Kinder oft ganz im Mittelpunkt – die Aufmerksamkeit gehört schnell nur ihnen. Und ich denke: »Wie schön wäre doch ein goldener Mittelweg.« Es möglichst gut machen zu wollen, auch in der Erziehung, aber ist ein starker Antreiber, der sich so schnell nicht zufriedengibt. Und einfach vor die Tür schicken kann man ihn auch nicht. Denn auch wenn ich das im Kopf wusste, war es noch lange nicht in meinem Herzen. Gleichzeitig konnte ich in Vorträgen anderen Entlastung zusprechen, wenn ich im Erziehungsvortrag flammend den britischen Kinderarzt Winnicott zitierte: »Es genügt, eine ›good enough mother‹ zu sein!« Es reicht, eine »Gut-genug-Mutter«

zu sein – diesen Punkt buchstabiere ich eigentlich bis heute durch und das macht ehrlich bescheiden. Denn so ist es: In welche Familie auch immer wir selbst und später unsere Kinder hineingeboren wurden, beschert uns Gaben, aber auch Grenzen. Wir können es nicht einfach nach den eigenen Wünschen zusammenstellen.

Neulich sprach ich mit einem Freund darüber, dass ich mir manchmal schon so Gedanken über das mache, was mir nicht gelungen ist und wo ich es meinen Kindern nicht so leicht gemacht habe, im Gegenteil. Woraufhin er mir von einer Predigt erzählte, die er vor Kurzem gehalten hatte: Die Jünger begegnen dem auferstandenen Jesus und dessen ersten Worte sind: *»Shalom! Friede sei mit euch!«* (Johannes 20,21). Was für ein Gruß! Was für eine Entlastung! Mehr als einer der Jünger hatte sich aus dem Staub gemacht, als es ernst wurde. Und jetzt sitzen sie da, ängstlich und zitternd, und fragen sich, wie es wohl weitergeht. Gerne hätten sie es wohl besser gemacht. Doch als Jesus kommt, sind seine ersten Worte dieser Friedensgruß. Über dem, was gewesen ist – dem Guten und dem Schwierigen, dem Gelungenem und dem Scheitern – über allem steht dieser »Shalom Gottes«.

Kennen Sie das auch? Diese Entlastung, diese Erinnerung an die Güte Gottes, können wir uns oft nicht selber zusprechen – wir müssen sie von anderen hören. Das bedeutet nicht, dass egal ist, was war. Hier wird nicht einfach Schuld zugedeckt nach dem Motto: »Schwamm drüber!« Es darf mir leidtun und vielleicht entschuldige ich mich auch konkret für Dinge, die mir einfallen. Aber für alles und vor allem gilt dieser Friede Gottes über Ihrem und meinem Leben. Abschließend meinte dieser Freund noch zu mir: »Manchmal ist es wohl nötig, sich in diesen Frieden regelrecht einzuwickeln, wie in eine wärmende Decke.« Das hat mich getröstet und entlastet. Und vermutlich brauche ich das noch öfter.

Einmal Mama – immer Mama

»Mutter sein – das wirst du nicht mehr los!«, so genau hatte ich es mir nicht vorgestellt, meinte sie. Wir saßen an einem lauen Sommerabend zum Grillen zusammen und erzählten davon, was unsere erwachsenen Kinder so machen: Studiengänge, Ausbildungen, die letzten, die noch in der Schule sind. Eine erzählte begeistert von ihrem Sohn, der Philosophie studiert. Sie freute sich, mit welcher Leidenschaft er dabei ist, während ich bloß dachte: »Und was macht er mal damit?« Doch eine der wichtigsten Lektionen, die ich zurzeit lerne, ist: dass das heute nicht mehr die erste und in der Regel auch nicht die wichtigste Frage ist. Und einen Beruf zu wählen, um Geld zu verdienen, ist häufig auch nicht mehr die wesentliche Motivation. Da kann ich kann die vier älteren Herrschaften schon verstehen, die vor Kurzem neben mir saßen und sich laut und kopfschüttelnd unterhielten: »Die jungen Leute wollen alle etwas finden, was ihnen Spaß macht! Habt ihr euch das gefragt?« Alle schüttelten ihr weißes Haupt. »Wir haben etwas gelernt, um Geld zu verdienen, und damit basta.« »Genau!« »Und hat uns das geschadet?« »Sicher nicht!« So ging es noch eine ganze Weile weiter und ich gebe zu, dass sie sicher nicht mit allen Einwänden unrecht hatten. Auch ich bin mir nicht sicher, ob die Frage allein nach dem Spaß in beruflicher Hinsicht immer wirklich weiterhilft, und sicher sollte sie nicht die alles entscheidende sein. Andererseits ist es doch auch schön, dass sich an dieser Stelle in den letzten Jahren etwas verändert hat und Jugendliche heute so fragen dürfen.

Was mich persönlich herausfordert, ist, diese Suche, diese Fragen als Mutter gut zu begleiten. Das bedeutet vor allem zu wissen, wann ich etwas sagen kann – und vermutlich noch mehr, wann ich schweigen muss. Keine leichte Lektion. Dabei in allen Fragen unseren Kindern als erwachsenen Partnern zu begegnen, verändert mich gewaltig. Wir haben ihnen beigebracht, dass wir miteinander reden.

»Kaum jemand sagt einem ja so ungeschminkt die Wahrheit wie die eigenen Kinder. Andrerseits tut auch weniges so gut wie ihre Wertschätzung und Liebesbeweise.«

So muss ich mir auch die Dinge anhören, die mir nicht so schmecken. Kaum jemand sagt einem ja so ungeschminkt die Wahrheit wie die eigenen Kinder. Andrerseits tut auch weniges so gut wie ihre Wertschätzung und Liebesbeweise. Es ist schon etwas Besonderes, wenn sich unser Jüngster mit seinen über 1,90 Meter zu seiner Mama herunterbeugt. Einmal Mama, immer Mama! Und wenn ich es richtig sehe – und bei andern beobachte ich das sehr aufmerksam –, erwarten uns noch spannende Zeiten: Partner, vielleicht Enkelkinder. Viel Gelegenheit, noch manches zu üben.

Wann gehen sie endlich?

Während unsere Kinder direkt nach der Schule das Haus für ein FSJ (Freiwilliges Soziales Jahr) verließen und danach zum Studium gingen, erleben einige Freunde, dass ihre Kinder ans Ausziehen nicht einmal denken. Je nach finanziellem Rahmen ist das ja auch nicht einfach so möglich. Dabei wären manche Paare froh, wenn sie endlich wieder Zeit und Freiräume hätten, ihr Leben noch einmal neu zu gestalten. In unseren Gesprächen habe ich dann manchmal den Eindruck, dass ich mir oft das wünsche, was gerade nicht ist – meistens den Teil, den ich vermisse. Doch auf die Anstrengung, die andere Lebensentwürfe mit sich bringen, verzichte ich dann auch gerne.

Was könnte sich aber verändern, wenn ich mein Leben, meine aktuelle Situation noch einmal mit anderen, mit neuen Augen anschaue?

Exkurs: »Den Tisch abdecken – den Tisch der Gnade noch einmal neu decken!«

Es sind nicht nur die Dinge an sich, die unser Leben beeinflussen; viel deutlicher wirkt sich vermutlich aus, wie ich die Situationen in meinem Leben beurteile. Wenn ich etwas zurücklasse, was ich wirklich schön erlebt habe, ist das schmerzlich. Und ich kenne Mütter, die bestimmte Zeiten mit ihren Kindern am liebsten festgehalten hätten: »Ich möchte gar nicht, dass sie größer werden.« Mir ist es bisher nicht so ergangen. Doch keine Ahnung, ob das so bleibt.

Dabei kann ich mich noch gut daran erinnern, als unser Jüngster in den Kindergarten kam. Von einem auf den anderen Moment dachte ich: »Jetzt sind sie groß!« Nicht wirklich natürlich, aber irgendwie ging an diesem Tag eine Lebensphase zu Ende. Im vergangenen Jahr, als wieder unser Jüngster in den ersten Wochen nach unserem Umzug nur noch zu Besuch kam, meldete sich dieses Gefühl zurück. Beim Abschied hatte ich immer einen Kloß im Hals, wollte es ihm aber nicht unnötig schwer machen.

Ja, wenn unsere Kinder das Haus verlassen, geht ein wichtiger Lebensabschnitt geht zu Ende. Und trotz aller Berufstätigkeit erleben Frauen das, glaube ich, noch einmal einschneidender als Männer. Schnell kann sich das Gefühl einschleichen: »Jetzt habe ich alles verloren, was mir wichtig ist!« Je mehr mein Hauptengagement den Kindern galt, desto stärker empfinde ich das. Daher ist mir an dieser Stelle ein Gedanke besonders wichtig: In den Momenten, in denen sich mein Leben einschneidend verändert, liegt es nicht nur daran, was ich erlebe, sondern besonders, wie ich es bewerte. Wenn die Kinder gehen – ist das wirklich nur Verlust? Statt zu fragen: »War das alles?«, kann ich auch fragen: »Was kann noch werden? Was muss ich in Zukunft tun – was will ich aber auch tun?«

Als wir neulich in einer Frauenrunde zusammensaßen, erzählte eine, wie sie sich vor Kurzem gefragt hat, wie sie nun weiterleben möchte: Möchte sie das, was sie jetzt tut, genauso weiter tun? Ist alles so festgelegt, wie sie immer meint? Nun ist sie eine junge Mutter in einer ganz anderen Lebenssituation. Dennoch hat mich diese Frage verblüfft, gefreut und ermutigt, unter diesem Vorzeichen über meine eigenen Fragen in Zeiten der Lebenswende noch einmal neu nachzudenken:

- ⇨ Ist alles so festgelegt, wie ich meine?
- ⇨ Wo sind die Spielräume?
- ⇨ Was muss ich tun – was will ich aber auch tun?

Und dann gebrauchte diese junge Frau ein Bild, das ich einfach nur großartig finde. Sie sagte: »Was bedeutet es, wenn ich den Tisch meines Lebens einmal abdecke und den Tisch der Gnade neu decke?«

»Was bedeutet es, wenn ich den Tisch meines Lebens einmal abdecke, und den Tisch der Gnade neu decke?«

»Was steht auf diesem Tisch und gehört zu meinem Leben dazu? Was möchte ich aber noch mal ganz neu dazustellen? Passen manche Aufgaben jetzt noch zu mir oder wo möchte ich mich stattdessen engagieren?«

Mit diesem Bild vor Augen frage ich mich: Ist es nur schwierig – oder ist es nicht vielmehr Gnade und geschenkte Lebenszeit, das Leben zu zweit noch einmal neu zu entdecken? Ja, manches müssen wir sicher neu einüben. Aber lohnt sich das nicht? Wie auch sonst in unserem Leben können wir ziemlich sicher sein: Von selbst wird das nicht funktionieren. Es bedeutet auch, dass manche Routine noch mal neu gefunden werden muss. Vielleicht gilt es auch, eine neue Gesprächskultur zu entwickeln. Da warten ganz sicher Aufgaben auf uns. Aber dieses Bild möchte ich mitnehmen: »Jetzt gerade wird der Tisch der Gnade in meinem Leben noch einmal neu gedeckt!«

Wer loslässt, hat die Hände frei

Um diesen Tisch der Gnade noch einmal neu decken zu können, ist eins entscheidend wichtig: Ich muss etwas loslassen! Nun ist das Loslassen lieb gewordener Dinge oder Umstände an sich schon nicht so leicht; ungleich schwieriger wird es jedoch, wenn es um Menschen geht, die mir wichtig sind: meinen Mann, unsere Kinder, Freundinnen und Freunde. In kleineren Fragen ist mir das nicht so schwergefallen: Als unsere Kinder nicht mehr mit uns den Urlaub fahren wollten, war das für mich kein Problem. Auch in vielen praktischen Fragen habe ich, denke ich jedenfalls, sie nicht unangemessen festgehalten oder geklammert (und ich hoffe, dass sie das bestätigen würden). Aber als es jedoch darum ging, dass sie ausziehen, zuerst wegen des FSJ und später dann zum Studieren, da wurde es schwieriger. Natürlich haben wir sie ziehen lassen – aber wie viele Fragen habe ich mir gestellt und stelle sie bis heute. Vermutlich liegt es daran, dass es jetzt um die wirklich wichtigen Entscheidungen für ihr Leben geht: Was studiere ich und wo? Wie finde ich neue Freunde? Welche Partnerin, welchen Partner wähle ich? Was bedeutet das alles für meinen Glauben? Allesamt Entscheidungen, die sie für sich treffen müssen und es auch tun. Trotzdem habe ich immer wieder das Gefühl: »Ich muss etwas tun!« Im Gespräch mit Freundinnen habe ich wenigstens den Eindruck, dass es nicht nur mir so geht. Das tut gut! Genauso erinnere ich mich an manche Spaziergänge mit meinem Mann, bei denen wir diese Fragen immer und immer wieder besprochen haben: »Ja, sie müssen selbst entscheiden. Und nein, wir sind nicht mehr verantwortlich.« Meine Aufgabe ist es, sie loszulassen.

Wieso aber ist das so unglaublich schwer? Je mehr ich mit anderen darüber spreche, desto häufiger bemerke ich, wie viele sich an diesem Punkt nicht bloß abarbeiten, sondern wirklich leiden. Aber wenn ich es richtig sehe, gibt es doch ein paar Unterschiede in der Art des Festhaltens: Je mehr ich das Gefühl habe, »Ich muss mein Leben (und das Leben anderer) im Griff haben!«, desto schwerer fällt mir das Loslassen. »Kontrolle«, das ist mein Thema. Denn Orientierung und Kontrolle vermitteln mir ein Gefühl von Sicherheit. Und das brauche ich, meine ich zumindest. Darum tue ich, wo immer es möglich ist, alles dafür, diese Sicherheit zu bekommen. Natürlich betrifft das nicht alle Lebensbereiche; manches habe ich mich auch getraut, ohne vorher zu wissen, ob es funktioniert. Trotzdem: Wenn ich die Wahl habe, wähle ich Sicherheit. Aber ist die Frage nach der Sicherheit wirklich die eigentliche Frage, wenn es um das Loslassen unserer Kinder geht? Oder spielen hier nicht ganz andere Dinge eine viel wichtigere Rolle? – Was ich dann beim Nachdenken über meine Motive entdeckt habe, hat mich wirklich getroffen: Wenn ich für meine Kinder entscheiden möchte, wenn ich Verantwortung übernehme, die mir nicht zusteht, steht oft nicht das Helfen im Vordergrund, wie man vielleicht meinen könnte, sondern die Ausübung von Macht. Ich möchte bestimmen! So einfach ist das. Zu meiner Ehrenrettung kann ich vielleicht hinzufügen: »Weil ich Gutes für sie möchte.« Und doch: Es ist nicht meine Sache. Und es ist auch nicht das, was jetzt dran ist.

Für mich ist Loslassen dran. Sie sollen ihre eigenen Entscheidungen treffen dürfen. Doch wie kann ich das lernen?

Der Schweizer Autor Pierre Stutz beschrieb dazu einmal ein eindrückliches Bild: Er erzählt davon, dass er in dem Kloster, in dem er lebte, den Auftrag bekam, die Glocke zu läuten. Er zog kräftig am Seil – doch die Glocke blieb still. Er zog fester, sie knarrte ein wenig – nichts. Frustriert ließ er das Seil endlich los – und die Glocke läutete! Kraftvoll ziehen und loslassen, das war der Schlüssel! Und ich dachte bei mir: »Ja, genau! Kraftvoll ziehen, mich anstrengen und etwas durchziehen, darin bin ich nicht schlecht. Und das eine oder andere lässt sich so sicher auch erreichen. Sofa sitzend, so völlig von selbst – da wäre so manches sicher nicht ans Laufen gekommen. Aber es hat mich auch angestrengt! Und strengt mich immer wieder an, wenn ich in diese Falle tappe. Denn lockerlassen, loslassen – diese Seite meines Lebens ist bisher deutlich zu kurz gekommen.« Und wenn ich ehrlich bin, gibt es so manches, das ich gerne loslassen würde:

- ⇨ Meine perfekten Ideale und zu hohen Ansprüche – an mich selbst, aber auch an andere.
- ⇨ Verantwortung zu übernehmen, wo ich gar nicht dran bin.
- ⇨ Pläne und Ideen, wie es laufen sollte – statt mich überraschen zu lassen.
- ⇨ Meinungen oder Vorurteile über andere, die sie nicht leben lassen.
- ⇨ Den Impuls, mich immer wieder mit anderen zu vergleichen.
- ⇨ Mein Bild von Gott, das ihn oft viel zu klein macht.
- ⇨ Und ja – auch unsere Kinder, damit sie in Freiheit ihr Leben gestalten können.

Für mich ist es seitdem nicht zuerst eine lebenspraktische Frage, sondern tatsächlich ein spiritueller Weg. Hier geht es um die Veränderung – oder besser wohl: Verwandlung – meines Herzens. Ich möchte diesen ungelebten Seiten mehr Raum geben. Aber wie macht man das? Was kann ich dem Bedürfnis nach Kontrolle entgegensetzen? Dann stieß ich auf folgenden Gedanken, der mich sehr bewegt hat und seitdem begleitet: Der Gegenpol zur Kontrolle ist Vertrauen. Vertrauen im Sinn von glauben, hoffen, zutrauen. Vertrauen kann auch heißen, Vertrauen zu schenken. Dabei ist Vertrauen nicht so sehr ein Sachbegriff, sondern weist vielmehr auf eine Beziehung hin. Selbstvertrauen deutet darauf hin, dass ich in einer positiven Beziehung zu mir stehe. Vertrauen beschreibt aber auch die Beziehung zu anderen – und ganz besonders zu dem lebendigen Gott selbst.

In seinem Buch: »Die Illusion der perfekten Kontrolle«[10] macht Bernd Sprenger dazu einige wesentliche Beobachtungen. Vertrauen setzt immer eine Beziehungserfahrung voraus. Selbstvertrauen kann nur entstehen, wenn man erfährt, dass man sich auf andere Menschen verlassen kann. Während manche Theorien der menschlichen Entwicklung davon ausgehen, dass dieses Vertrauen in der frühen Kindheit festgelegt wird oder eben nicht, kommt die moderne Hirnforschung zu anderen Ergebnissen: »Die Erfahrungen, die wir lebenslang machen, tragen fortwährend dazu bei, unser Denken und Fühlen und die gesamte Erlebnisverarbeitung den aktuellen Lebensumständen anzupassen. Dass der ›Grundformatierung‹, die das Gehirn in der Kindheit erfahren hat, dabei eine besondere Bedeutung zukommt, ist unbestritten. Aber es ist eben nicht so, dass etwa die Kindheitserfahrung, sich auf keine vertrauensvollen Beziehungen stützen zu können, automatisch dazu führen muss, dass ein Mensch lebenslang anderen Menschen gegenüber misstrauisch bleiben muss. Ob das so kommt oder nicht, hängt stark davon ab, welche Erfahrungen dieser Mensch später machen kann. In der Psychotherapie gibt es den Fachausdruck der ›emotional korrigierenden Erfahrung‹ – damit ist genau das gemeint: Jemand hat eine bestimmte Grunderfahrung gemacht, die für ihn ungünstig ist, kann aber später eine neue Erfahrung machen, die quasi ›korrigierend‹ wirkt«.[11]

»Vertrauen kann nachwachsen.
Was für eine ermutigende Perspektive!«

Vertrauen kann also tatsächlich »nachwachsen«. Was für eine ermutigende Perspektive! Und sie gilt für die Beziehung zu anderen, zu mir selbst und zu Gott. Er selbst lässt etwas nachwachsen in meinem Leben – und auch in meinem Glauben. Ein wichtiges Beispiel dafür ist das »Lilienprinzip«: etwas wachsen lassen, es geschehen lassen. Jesus sagt in der Bergpredigt zu seinen Jüngerinnen und Jüngern: *»Seht euch die Vögel an! Sie säen nicht, sie ernten nicht, sie sammeln keine Vorräte, und euer Vater im Himmel ernährt sie doch. Seid ihr nicht viel mehr wert als sie? Wer von euch kann dadurch, dass er sich Sorgen macht, sein Leben auch nur um eine einzige Stunde verlängern? Und warum macht ihr euch Sorgen um eure Kleidung? Seht euch die Lilien auf dem Feld an und lernt von ihnen! Sie wachsen, ohne sich abzumühen und ohne zu spinnen und zu weben. Und doch sage ich euch: Sogar Salomo in all seiner Pracht war nicht so schön gekleidet wie eine von ihnen! Wenn Gott die Feldblumen, die heute blühen und morgen ins Feuer geworfen werden, so herrlich kleidet, wird er sich dann nicht erst um euch kümmern, ihr Kleingläubigen?«* (Matthäus 6,26-30; NGÜ).

Auch Gottvertrauen kann nachwachsen

Wachsen bedeutet: Hier geschieht etwas – ganz von selbst. Von selbst? Schnell fallen mir Sätze ein, die ich gelernt habe. Einer dieser Sätze lautet: »Lies die Bibel, bete jeden Tag, wenn du wachsen willst!« Das habe ich nicht nur gehört, sondern auch gesungen – und entsprechend hat dieser Gedanke sich eingeprägt. Nun will ich nicht sagen, dass dieser Ansatz völlig falsch ist. Das würde ja auch nicht zu meiner langjährigen Tätigkeit beim Bibellesebund passen. Aber er sollte nicht so verstanden werden, dass Glaube und Vertrauen machbar wären. Dennoch leben wir unseren Glauben oft genau so: »Wenn ich nur genügend in der Bibel lese und bete, dann wird Gott schon handeln. Nicht sofort – aber irgendwann schon!« Doch je älter ich werde, desto weniger habe ich den Eindruck, dass Gott wirklich auf diese Weise über sich verfügen lässt. Und jetzt?

Mitten in diese Fragen hinein stoße ich auf ein Buch, das mich wirklich packt: »Warum Ruhe unsere Rettung ist« von Tomas Sjödin.[12] Er schreibt von seiner Küchenbank und über das, was passiert, wenn er dort liegt. Einer seiner Schlüsselsätze lautet: »Auch wenn ich nichts tue, geschieht etwas.«[13] »Je länger ich hier liege, desto wichtiger erscheint es mir. Auf gewisse Weise vertieft sich hier das Leben. Zuerst spürt man nur die Entspannung, man lässt sich fallen, lässt los. Aber während ich entspanne, spüre ich, dass auf einer anderen Ebene etwas passiert, dass an diesem Ort etwas wächst. Mein innerer Mensch ›streckt‹ sich. Ich bleibe eine Weile liegen, und meine Gedanken gehen über in ein Gebet, ein Gebet für die Menschen, die ich am meisten liebe. Es ist, als ob die Liebe – die erste Liebe – mich erreicht. Plötzlich ahne ich, dass die Küchenbank mehr als ein Ruheplatz ist. Sie ist auch ein Fluchtfahrzeug, eine Rettungsplanke. Ich liege hier und rette Leben. Zuerst mein eigenes, aber vielleicht in gewissem Maße auch das anderer. Kann es etwas Wichtigeres geben als das? Etwas Wichtigeres als Ruhen?«[14]

Loslassen, es geschehen lassen – in meinem Leben, aber auch in meinem Glauben. Ich kann gar nicht sagen, wie sehr mich dieser

Gedanke ermutigt und befreit. Welche Würde verleiht das meinem Leben. Wie viel Kraft steckt darin, trotz aller Herausforderungen wirklich in der Gegenwart zu leben. Dazu eine weitere Veränderungsgeschichte:

Veränderung: Leben – hier und jetzt

Veränderungen haben mich von Anfang meines Lebens an geprägt. Im Alter von drei Jahren bin ich das erste Mal umgezogen, im Laufe meiner Schulzeit habe ich an insgesamt neun verschiedenen Orten in Deutschland, Frankreich und den USA gelebt. Die ständige Entwurzelung hatte viele negative Auswirkungen, aber auch einige positive: Ich kann mich in kürzester Zeit auf neue Situationen einstellen und schnell gute und intensive Kontakte knüpfen – eine Fähigkeit, die mich durch die unzähligen Veränderungen meines Lebens auch nach der Schulzeit getragen hat.

Es gab jedoch eine sehr einschneidende Veränderung, die mich bis heute nachhaltig prägt. Im Alter von 42 Jahren, unsere Kinder waren gerade acht, zehn und zwölf Jahre alt, bekam ich die Diagnose einer akuten Leukämie. Die Therapie ging unmittelbar los und ich erhielt ein mehrseitiges Behandlungsprotokoll, das einen Zeitraum von mindestens 12 Monaten umfasste, mit hoch dosierter Chemo- und Strahlentherapie. Aus diesen 12 Monaten wurden letztendlich 14 Monate, was einem annähernd optimalen Therapieverlauf entsprach.

Was hat mich durch diese Zeit getragen und welche dauerhaften Veränderungen hat sie hinterlassen? Durchgängig getragen hat mich eine tiefe Geborgenheit in Gott. Für mich selbst verwunderlich, habe ich nie gehadert mit meiner Krankheit, war im Gegenteil oft sogar dankbar, »nur« Leukämie zu haben angesichts vieler hoffnungsloser Erkrankungen um mich herum. Nach einem eindrücklichen nächtlichen Erlebnis des »Redens Gottes« war für mich klar, dass ich kämpfen muss für mein Leben. Nicht die Auseinandersetzung mit dem eigenen Tod sollte anstehen – die kam im Anschluss an die Therapie während eines Klosteraufenthaltes –, sondern die Konzentration auf das Heute mit seinen ganz neuen Herausforderungen.

Durch die sehr anstrengende Therapie war mein Lebenshorizont radikal eingeengt, oft hatte ich nur die Kraft, diesen einen Tag zu überblicken. Für Zukunftspläne oder Sorgen um die vielfältigen Kleinigkeiten des Alltags fehlte mir einfach die Energie. Dadurch war ich dem Erleben der Gegenwart, des Moments, viel unmittelbarer ausgesetzt, was einen wertvollen Lernprozess in Gang gesetzt hat. Die Freude am Leben konnte ich mehr und mehr in den vermeintlichen Selbstverständlichkeiten entdecken: einem gelungenen Scherz des Krankenpflegers, einem leckeren Essen, dem Besuch meiner Familie oder von Freunden, einem Tag ohne Übelkeit, in den Sätzen des Psalms 121, der mich begleitet hat, einem guten Buch und vielem mehr. Diese kleinen Details des Lebens hatte ich vorher nie so intensiv wahrgenommen, weil ich oft mit meinen Gedanken schon in der Zukunft war.

Außerdem war mir die Kontrolle über mein Leben fast komplett entzogen. Es konnte jederzeit passieren, dass ich Fieber bekam und dann sofort in die Klinik einrücken musste. Ich wusste auch nie, wie ich auf die verschiedensten Substanzen reagiere, wie lange der jeweilige Klinikaufenthalt dauern würde. Das war für mich als jemand, der immer gerne geplant und organisiert hat, eine echte Herausforderung. In dieser Hilflosigkeit habe ich aber immer die Erfahrung gemacht, dass andere mir zur Seite standen und die Kontrolle für mich übernommen haben. Durch viel Unterstützung von Familie, Freunden, Eltern und Schwiegereltern funktionierte das Leben, auch ohne dass ich Verantwortung übernehmen konnte. Diese Erkenntnis war und ist für mich eine große Befreiung: weg von eigener Kontrolle und hin zu tiefem Vertrauen in andere Menschen und letztlich in Gott.

Diese Vertrauensschule hilft mir bis heute, im Jetzt zu bleiben und achtsam mit mir selbst und meiner Umwelt umzugehen. Kürzlich habe ich eine neue berufliche Herausforderung an einer reformpädagogisch orientierten Dorfschule in Mittelhessen angenommen. Angesichts vieler neuer ungewohnter Situationen erinnere ich mich oft an die Erfahrungen während meiner Krankheit. Wie damals komme ich öfter an meine Grenzen und muss um Kraft und Weisheit für diesen einen Tag bitten – und bin oft abends beim Reflektieren über den Tag überrascht über so manche unerwartete Hilfe oder gute Idee. Oder ich gebe eigenes Versagen und eigene Schwäche an den ab, der die letzte Verantwortung trägt.

Nach beendeter Therapie und dem Wiedereinstieg in das normale Leben habe ich gut überlegt, in welchen Bereichen ich meine Lebenskraft und Lebenszeit einbringen möchte. Die Erfahrung, dass Lebenskraft und Lebenszeit sehr begrenzt sein können, hat mir geholfen, mich zu fokussieren. Ich habe mich gefragt, was mir wirklich wichtig ist und wo Gott mir Gaben gegeben hat. Dadurch habe ich viel mehr Klarheit gewonnen und Freiheit, auch einmal Nein zu sagen.

Ich habe schon angedeutet, dass die Auseinandersetzung mit dem eigenen Sterben erst nach dem Therapieende anstand. Anstelle eines Rehaaufenthaltes hatte ich mich für eine Schweigezeit im Kloster entschieden, mit der Bitte um ein tägliches seelsorgerliches Gespräch. Der Wunsch wurde mir durch die einfühlsame Begleitung einer älteren Schwester erfüllt. Dieser Rahmen hat mir geholfen, meine Ängste und Fragen zuzulassen und ihnen in Gottes Gegenwart standzuhalten. Es war eine unglaublich intensive Zeit, die ihre Nachwirkungen unter anderem in einem sehr eindrücklichen Traum hatte. In diesem Traum saß ich neben meiner eigenen Leiche, die sich bei mir anlehnte. Ich sah sie und spürte sie. Die Berührung erlebte ich als unglaublich zärtlich und tröstlich. Nach dem Aufwachen war ich überrascht, dass im Traum keinerlei Angst oder Entsetzen vorkam und dass ich mich sehr genau an die schönen Gefühle bei dieser Berührung erinnern konnte. Seither habe ich die Angst vor dem eigenen Tod weitgehend verloren und ich spüre ein Maß an innerer Freiheit, das ich vorher so nicht kannte.

Alles in allem bin ich froh über die Chancen zur Veränderung, die mir mein Leben bisher immer wieder geboten hat: ein Weg hin zu mehr Achtsamkeit, Vertrauen und Konzentration auf das Wesentliche. Sicherlich wird es weiterhin reichlich Gelegenheiten zur Veränderung geben – bis hin zur letzten großen Veränderung.

Eva Walldorf ist 52 Jahre alt, seit 27 Jahren verheiratet und hat drei Kinder im Alter von 18, 20 und 22 Jahren. Sie liebt ihren Garten, joggt gerne, kann die Zeit beim Patchwork vergessen und entspannt am besten, wenn sie ihren Rucksack umhängt und auf dem Jakobsweg pilgert.

6.
Veränderung und Berufung

Ich bin davon überzeugt, dass Gott zu uns Menschen spricht. Andererseits mutet er es uns auch zu, dass wir in der Fülle der Möglichkeiten selbst entscheiden müssen.

»Jeder ist berufen, etwas zu tun oder etwas zu sein,
wofür kein anderer berufen ist.«
(John Henry Newman)

Was ist meine Berufung? Wie lesen Sie diese Frage? Was löst sie in Ihnen aus? Haben Sie sich das schon mal gefragt? Ich habe eine Frau erlebt, die angesichts dieser Frage nach der Berufung richtig wütend wurde: »Was für ein Luxus, so fragen zu können! Ist ja schön, wenn man dafür Zeit hat. Ich musste und muss meinen Alltag bewältigen, Geld verdienen, für meine Familie sorgen. Ehrlich, diese Frage bringt mich echt auf die Palme!« Hat sie recht? Ist diese Frage nur etwas für ausgewählte Zeitgenossen und der Rest muss irgendwie schauen, einigermaßen zurechtzukommen? Wenn ich selbst über Berufung nachdenke, fallen mir ganz verschiedene Dinge ein. Es sind keine Gedanken, die zielgerichtet aufeinander aufbauen, es ist eher wie bei einem Puzzle, wo jedes Teil am Schluss zu einem Bild dazu gehört, eine Facette des Ganzen ist:

- ⇨ Wie heißt meine Berufung?
- ⇨ Bleibt sie gleich – oder kann sie sich verändern?
- ⇨ Was ist meine, was ist unsere Berufung – und passen die immer zusammen?

Berufung – ein Wort, das ich nur vorsichtig gebrauche

Mit dem Wort »Berufung« bin ich in meinem Leben immer sehr vorsichtig umgegangen. Und ehrlich gesagt, staune ich über die Sicherheit, mit der andere von ihrer Berufung sprechen. Ganz sicher gibt es Menschen, die dadurch manches getan haben in dieser Welt. Ohne zu wissen: »Das ist mein Weg!«, hätten sie sich wohl nicht aufgemacht. Für mich sind diese Momente, in denen Gott mir sehr deutlich macht: »Jetzt ist es Zeit, geh los!«, oft von Zweifeln und Fragen begleitet: »Was heißt das? Kann ich das?«

Es gibt aber auch die Kehrseite der Medaille: Menschen fühlen sich zu etwas berufen, das dann am Ende gründlich schiefgeht. Solche Situationen mitzuerleben haben mich wirklich ernüchtert: »Wie kann das sein? Hat sich jemand verhört?« Oder schlimmer noch: »Lässt Gott Menschen einfach vor die Wand laufen?« Trotzdem bin ich bis heute davon überzeugt, dass Gott zu uns spricht. Aber er fordert uns auch dazu auf, in der Fülle der Möglichkeiten selbst zu entscheiden. Was mich in der Regel skeptisch sein lässt, sind sehr vollmundige Bekenntnisse, wo etwas nur so und nicht anders sein kann. Wenn diese dann noch durch Bibelverse unterstrichen werden, wer wagt es da, noch etwas dazu sagen – womöglich sogar etwas Kritisches!

Was mich angesichts dessen dennoch beruhigt: Ich bin davon überzeugt, dass Gott sogar aus unseren Fehlentscheidungen noch etwas Gutes machen kann. Gedanken von Dietrich Bonhoeffer fassen diese unterschiedlichen Fragen zusammen. Sie wurden nachträglich auch als Glaubensbekenntnis beschrieben. In diesen Worten finde ich mich wieder.[15]

Ich glaube,
dass Gott aus allem, auch aus dem Bösesten,
Gutes entstehen lassen kann und will.
Dafür braucht er Menschen,
die sich alle Dinge zum Besten dienen lassen.
Ich glaube,
dass Gott uns in jeder Notlage
soviel Widerstandskraft geben will,
wie wir brauchen.
Aber er gibt sie nicht im Voraus,
damit wir uns nicht auf uns selbst,
sondern allein auf ihn verlassen.
In solchem Glauben müsste alle Angst
vor der Zukunft überwunden sein.
Ich glaube,
dass auch unsere Fehler und Irrtümer
nicht vergeblich sind,
und dass es Gott nicht schwerer ist,
mit ihnen fertig zu werden,
als mit unseren vermeintlichen Guttaten.
Ich glaube,

dass Gott kein zeitloses Fatum ist,
sondern dass er auf aufrichtige Gebete
und verantwortliche Taten wartet und antwortet.
Dietrich Bonhoeffer

Bonhoeffer hat diesen Text 1943 im Gefängnis geschrieben. Für ihn war sein Engagement in der Bekennenden Kirche sein Weg, sich an der Widerstandsbewegung zu beteiligen. Noch 1939, kurz vor Kriegsbeginn, hätte er die Möglichkeit gehabt, in den USA in Sicherheit zu sein. Man hatte ihm dort eine Stelle angeboten. Er reiste im Juni nach Amerika und lehnte die Stelle ab: »Damit ist die Entscheidung gefallen. Ich habe abgelehnt. Man war sichtlich enttäuscht und wohl etwas verstimmt. Für mich bedeutet es wohl mehr, als ich im Augenblick zu übersehen vermag. Gott allein weiß es. Es ist merkwürdig, ich bin mir bei allen meinen Entscheidungen über die Motive nie völlig klar. Ist das ein Zeichen von Unklarheit, innerer Unehrlichkeit oder ist es ein Zeichen dessen, dass wir über unser Erkennen hinaus geführt werden, oder ist es beides? ... Am Ende des Tages kann ich nur bitten, dass Gott ein gnadenvolles Gericht üben möchte über diesen Tag und allen Entscheidungen. Es ist nun in seiner Hand.«[16]

Bonhoeffers Weg ist ganz sicher ein besonderer Weg. Es geht auch gar nicht darum, sich mit einer so herausragenden Lebensgeschichte zu vergleichen. Aber die Art und Weise, wie er seine Entscheidungen abgewogen und getroffen hat, hilft mir für eigene Entscheidungsprozesse.

Keine Sicherheit – aber Vertrauen

Mein Mann und ich haben in unserem Leben das Wort »Berufung« immer sehr sparsam gebraucht. Einige Wege, vermutlich sogar die meisten, sind wir ohne letzte Sicherheit gegangen. Das war gar nicht so leicht, denn wenn ich etwas sehr schätze, dann möglichst sicher zu sein, bevor ich etwas tue. Andererseits habe ich mich auch manches getraut und wohl erst im Nachhinein gemerkt, auf welchen Weg ich mich da eingelassen hatte. Mit Anfang zwanzig wurde ich gefragt, ob ich nicht hauptamtlich in die Teenagerarbeit einsteigen möchte. Da ich kein Abitur habe, war mir der Weg in ein Theologie-Studium versperrt, und so wählte ich den Weg über eine Bibelschule. So landete ich Mitte der 1980er-Jahre in St. Chrischona in der Schweiz. Ich hatte es mir vorher nicht angesehen – und das war auch gut so. Denn eine theologische Ausbildung mit Lebensgemeinschaft und »Rockpflicht« muss man mögen, und dazu als Nordlicht zu den Schweizern zu ziehen war herausfordernder als gedacht. Dort habe ich ohne Frage viel gelernt – vielleicht und vor allem auch über mich selbst. Dass ich es durchgehalten habe, lag aber wohl daran, dass ich ein konkretes Ziel hatte: Ich wollte als Hauptamtliche in die Teenagerarbeit. Schon einige Jahre engagierte ich mich ehrenamtlich in diesem Bereich und ich konnte es mir gut vorstellen, das als Beruf auszuüben. Aber der Weg dorthin war schwieriger, als ich ihn eingeschätzt hatte. In diesen Jahren war auf St. Chrischona die Ausbildung von Männern und Frauen noch strikt getrennt. Trotzdem gab es unter anderem durch gemeinsame Einsätze in Gemeinden auch Begegnungspunkte – und so haben mein Mann und ich uns dort kennengelernt. Wie das möglich war, ohne gemeinsamen Unterricht und ohne dass man sich befreunden durfte, ist eine ganz eigene Geschichte.

Nach Abschluss der Ausbildung haben wir uns dann »offiziell befreundet« und so wurde die Frage nach der Berufung zu einer gemeinsamen Frage. Ich landete zunächst tatsächlich in der Kinder- und Teenagerarbeit, während mein Mann als Gemeinschaftsprediger arbeitete. Später dann haben wir ganz unterschiedliche Stationen und Konstellationen gelebt. Unser Trauspruch war dabei ein Stück weit Leitlinie, vielleicht sogar Lebensmotto: *»Trachtet zuerst nach dem Reich Gottes und nach seiner Gerechtigkeit, so wird euch das alles zufallen«* (Matthäus 6,33). Ich glaube, dass Gott uns in diesem Wort so etwas wie eine grundlegende Weisung für unser Leben gibt: »Fragt zuerst und vor allem nach meinem Reich!« Dieses Reich Gottes umschließt alle Bereiche unseres Lebens: unsere Arbeit, unsere Familie, den Freundeskreis, die Nachbarschaft. Nichts ist ausgenommen und hier gibt es auch keine »geistlichen« und »weniger geistlichen« Bereiche. Das, was uns miteinander verbindet, ist, dass wir Teil dieses Reiches Gottes sind. Wir sind Teil dieser Herrschaft Gottes und wir sind aufgefordert, ihr Raum zu geben. Darin spiegelt sich für mich so etwas wie unsere grundlegende Lebensberufung. Hier gehöre ich dazu. Das gilt. Diese gute Herrschaft Gottes über unserem Leben erlebe ich wie einen wohltuenden Rahmen im Sinn von Schutz oder Raum. Ich muss nicht erst beweisen, dass ich dazugehören kann, denn längst bin ich ein Teil davon. Das »Reich Gottes« beschreibt diese umfassende Perspektive. Trotzdem entbindet uns auch diese Sichtweise nicht davon, immer wieder anstehende Entscheidungen zu treffen. Dass sich diese Frage vor gut drei Jahren noch einmal so deutlich melden würde, überrascht uns bis heute.

Worauf vertraue ich? Was wird meinem Leben zugetraut?

Worauf vertraue ich? Auf diese Frage läuft es immer wieder hinaus. Und ja, für mich ist es wirklich eine Frage: Wem vertraue ich, wenn es ernst wird? Solange ich mich ruhig und sicher in meiner Komfortzone bewege, scheint das mit dem Vertrauen ja durchaus machbar. Was aber, wenn mich etwas erwartet, das mich zutiefst verunsichert? Welche Fragen bestimmen mich dann? Auch in den aktuellen Veränderungen haben wir es wieder so erlebt, dass wir uns sicher nicht mit hundertprozentiger Sicherheit locker auf den Weg gemacht haben. Im Gegenteil: Nach dem Bewerbungsprozess und der Zusage, dass mein Mann die neue Aufgabe annimmt, wurde ich mehr als durchgeschüttelt: »Wie geht es weiter?« Und immer wieder auch die bange Frage im Herzen: »Was ist, wenn wir uns getäuscht haben?« In einem waren wir uns sicher: Wir hatten nicht die Freiheit, es nicht zu tun! Doch was von außen vielleicht folgerichtig und klar aussah, fühlte sich (zumindest für mich!) von innen längst nicht so an. »Wie sieht er nun aus, unser gemeinsamer Weg?«, frage ich mich. »Was ist seine Berufung, was ist meine – und was heißt das für unseren gemeinsamen Weg?« Immer wieder haben wir diese Fragen auch miteinander besprochen und uns gefragt: »Wie viel Dienst verkraftet unser gemeinsames Leben? Was bedeutet das für meine Aufgaben in Redaktion und Reisedienst?« Da ich für den Bibellesebund vom Homeoffice aus arbeite, ist grundsätzlich egal, wo das Arbeitszimmer ist. Ich konnte meine Aufgabe mitnehmen und meine Stelle reduzieren und verändern. Eine Möglichkeit, die für den Einstieg im Süden vieles erleichtert hat. Trotzdem waren die ersten Wochen nicht so lustig: Im Homeoffice lernt man nämlich eben nicht so schnell neue Menschen kennen. Wenn mein Mann dann nach einem erfüllten Tag nach Hause kam, dachte ich immer wieder: »Man, der hat es gut! Wie spannend!« Reisen im In- und Ausland, interessante Menschen treffen… Schnell macht sich da das Gefühl breit: »Er hat es gut – und was habe ich?« Wie oft sehe ich nur die attraktiven Seiten seines Berufs, aber nicht die Anstrengung, die damit verbunden ist. Trotzdem hatte ich den Eindruck: »Wenn er schon der Grund ist, warum ich hier bin – dann kann er doch auch ein bisschen mehr für mich sorgen, oder?« Doch was ist seine Verantwortung und was nicht? Und wo bin ich selber gefragt, für mich zu sorgen, mein Leben zu gestalten, die Initiative zu ergreifen und mich auf den Weg zu machen? Diese Fragen sind noch nicht abschließend beantwortet, dafür sind die Veränderungen noch zu frisch.

In jedem Fall aber sind wir davon überzeugt, dass wir als Ehepaar die Frage nach unserer Berufung gemeinsam beantworten müssen. Es wird nicht funktionieren, wenn jeder sein Ding macht. Das heißt nicht, dass ich zwangsläufig ein aktiver Teil der Aufgabe meines Mannes sein muss oder umgekehrt. Aber ich muss schon ein Ja dazu haben. Ansonsten werden die kleinsten Schwierigkeiten dazu führen, dass wir beginnen, unsere Aufgaben gegeneinander auszuspielen. Dieses Ja zu den Aufgaben des jeweils anderen bedeutet auch, Kompromisse einzugehen – und auch mal zu verzichten. Klingt das zu demütig? Soll es nicht, denn so erlebe ich mich nun wirklich nicht. Aber ich glaube, dass es anders nicht funktioniert. Dazu gehört aber auch die Frage, ob das Kompromisseeingehen gleichberechtigt für beide Partner gilt. Und wenn ich zu seiner Berufung Ja sage – was bedeutet dieses Ja dann für meine eigene? Für mich heißt das, dass Ehe und Berufung sich nicht einfach von selbst ergeben, zumindest nicht, wenn wir beides partnerschaftlich leben wollen. Beides aufeinander abzustimmen braucht einen behutsamen Umgang miteinander und mit diesen Fragen. In allem und vor allem aber wohl den Segen Gottes für diesen gemeinsamen Weg.

In ihrem Buch: »Liebe und lass dich lieben«[17] zitiert die Theologin Christina Brudereck ein Gebet, das ihre Freundin bei ihrer Hochzeit gebetet hat. Nicht mit genau diesen Worten, aber doch mit ähnlichen Gedanken bitte ich immer wieder für unseren Weg:

»Eure Loyalität füreinander und die Loyalität für eure Aufgaben
möge niemals in falschen Konflikt geraten.
Eure Liebe füreinander möge euch Liebe für eure Aufgaben geben.
Und eure Liebe zu euren Aufgaben möge eure Liebe füreinander stärken.
Eure Liebe füreinander möge auch Zeiten der Abwesenheit erlauben.
In den Zeiten der Abwesenheit möge eure Liebe sich nicht verlieren.
Und möget ihr niemals der Kraft die Tür verschließen,
die immer liebend ist und immer anwesend,
die euch in die Liebe ruft und in eure Aufgaben. Amen.«

Dieses Gebet, sich auch im Dienst nicht zu verlieren, aufeinander achtzuhaben, loszulassen – und Gott darum zu bitten, unsere Liebe zueinander zu bewahren, ist mir wirklich wichtig. Beides miteinander in Einklang zu bringen, die Liebe zueinander, gemeinsame Zeiten und die Aufgaben, die wir gerne tun, geraten nämlich schneller in Konkurrenz, als uns lieb ist. Und diese Achtsamkeit zu bewahren ist dann besonders schwer, wenn wir das, was wir tun, wirklich gerne tun. Denn schnell tun wir das Gute in den Aufgaben maßlos und gehen wie selbstverständlich davon aus, dass es unserem Miteinander schon nicht schaden wird. Doch ich glaube, dass das ein Irrtum ist. Ganz sicher zu Beginn eines gemeinsamen Lebens, aber gerade auch dann, wenn die Kinder das Haus verlassen haben, brauchen wir Zeit, um das Leben (»nur«) zu zweit wieder neu einüben zu können. Und diese Zeit ergibt sich zumindest für uns nicht einfach von selbst.

Mein Mann und ich – wir brauchen Zeit füreinander. Darum sind wir gerne gemeinsam unterwegs, gehen zusammen spazieren, fahren Fahrrad, gehen schwimmen oder kochen zusammen. Oder wir versuchen, uns zu verschiedenen Diensten zu begleiten und Arbeit und Freizeit ein wenig zu verbinden. Und immer wieder besprechen wir auch die Frage: »Was passt jetzt zu unserem Weg? Was passt für die nächsten Jahre?« In solchen gemeinsamen Zeiten wurden für uns die Karten immer wieder einmal neu gemischt. Das lief und läuft nicht immer glatt; manche Fragen haben wir heftig diskutiert. Aber es hat uns geholfen, unseren gemeinsamen Weg zu finden.

Maßhalten – unterwegs in meinen eigenen Schuhen

Mit unserem Wechsel nach Süddeutschland haben sich meine Aufgaben verändert. Aber nicht nur das. Sie waren auch der Anstoß, noch einmal sehr grundsätzlich darüber nachzudenken, wie ich mir die nächsten Jahre vorstelle:

- ⇨ Was passt zu mir?
- ⇨ Was tue ich gerne – worauf würde ich auch gerne verzichten?
- ⇨ Was kostet mich Kraft – und was gibt mir trotz aller Anstrengung auch Energie und Auftrieb?
- ⇨ Wie sehe ich mich selbst – welche Rückmeldungen bekomme ich von anderen?
- ⇨ Welche Weichen will ich heute stellen?

Als ich mir diese Fragen stellte, habe ich einiges entdeckt. Manches hat sich bestätigt. Eigentlich haben diese Fragen rein äußerlich gar nicht so viel verändert; aber seit ich sie mir gestellt habe, tue ich manches noch einmal bewusster. Zunächst habe ich noch mal entdeckt, dass ich leidenschaftlich gern projektorientiert arbeite. Woche für Woche jeden Tag im selben Büro immer die gleichen Aufgaben abarbeiten müssen – das könnte ich nicht. Aber mit Volldampf Projekte auf den Weg bringen, das tue ich gern. Tief drinnen wusste ich es schon, aber beim Nachdenken wurde mir noch mal neu klar: Es ist wirklich gut so, wie es ist. Diese Mischung aus Arbeiten im Homeoffice und unterwegs sein, vereint in einer 50 %-Stelle – das passt zu mir, entspricht meinen Gaben und Kräften. Ich bin gerne unterwegs und arbeite intensiv; aber ein Mittagsschläfchen oder einen Spaziergang auch mal mitten in der Woche genieße ich sehr. Natürlich ist es auch schmerzlich zu erkennen, wo ich Grenzen habe. Andererseits hilft es mir, meine Aufgaben mit Überzeugung zu tun. In der Schlussphase dieses Buches steht für mich nun eine weitere berufliche Veränderung an, auf die ich wirklich gespannt bin. Und wieder merke ich: Darüber kann man leichter schreiben, wenn es andere betrifft. Eigene Schritte zu gehen, wieder etwas zu wagen kostet Kraft, macht unsicher – und ist nicht so leicht. Trotzdem will und werde ich mich auf den Weg machen.

In seinem Brief an die Römer sagt der Apostel Paulus etwas zu diesen oben genannten Gaben und Aufgaben: *»Bei der Gnade, die Gott mir geschenkt hat, sage ich jedem Einzelnen von euch: Überschätzt euch nicht und traut euch nicht mehr zu, als angemessen ist. Strebt lieber nach nüchterner Selbsteinschätzung. Und zwar jeder so, wie Gott es für ihn bestimmt hat – und wie es dem Maßstab des Glaubens entspricht«* (Römer 12,3; BasisBibel). Nüchterne Selbsteinschätzung? Wie steht es um meine Selbst- und Fremdwahrnehmung? Oft sehe ich bei anderen die Dinge viel klarer als bei mir. Wie ist das: Lass ich mir im Gegenzug auch etwas sagen – oder gehe ich davon aus, dass ich es alleine ganz gut hinbekomme? Was bedeutet es, mein Maß zu finden? Mich hat ermutigt zu sehen, dass andere an dieser Stelle auch kämpfen. Es ergibt sich für die meisten eben nicht einfach von alleine. Oft sind einige Schritte nötig, bis ich lerne, ich selbst zu sein.

In seinem Buch »Die Kunst, sich selbst zu führen«, schreibt Thomas Härry: »Wenn ich von Herzen bejahe, was mein spezifischer Beitrag ist, entfaltet dieser seine ganze Kraft. Viele von uns möchten etwas sein oder tun, was ihnen nicht wirklich entspricht; was nicht wirklich in ihnen angelegt ist. Sie versteifen sich auf Gaben, die sie nicht haben. Gleichzeitig vernachlässigen sie ihre echten Stärken und halten sie für unbedeutend. Sie träumen von Aufgaben, die sie wahrnehmen wollen oder von denen sie meinen, sie müssten sie übernehmen. Aufgaben, die einem innerlich aufgebautem Ideal und eingebildeten Vorstellungen entsprechen. Wer aus diesem Grund an seinen wirklichen Gaben vorbeilebt, versperrt sich selbst den Weg zum besten Beitrag, den er für Gott geben kann.«[18] Und er zitiert diesbezüglich einen amerikanischen Pastor: »Meiner Meinung nach ist Burn-out das Resultat, anderen etwas zu geben, was man gar nicht hat!«[19]

Puh, deutliche Worte! Wo will ich mithalten an Stellen, die mir nicht guttun? In einer solchen Haltung spiegelt sich die tiefe Grundsehnsucht meines Lebens nach Liebe und Anerkennung wider. Gleichzeitig aber auch der fatale Irrtum, dass wenn ich etwas Bestimmtes tue oder erreiche, ich sie auch bekommen werde. Das zu durchschauen ist nicht ganz leicht. Und oft waren und sind dazu einige Schritte nötig, die Wahrheit und Wirklichkeit meines Lebens nicht nur zu erkennen, sondern auch anzunehmen. In Johannes 8,31-32 spricht Jesus von der Wahrheit, die uns frei macht – und die gilt auch im Blick auf Wünsche und Ideale, von denen ich mir so viel verspreche. Dabei dachte ich doch, dass ich nur verlieren kann, wenn ich das loslasse, was mir so viel bedeutet. Dass ich dadurch auch gewinnen und zur Ruhe kommen könnte, konnte ich mir zunächst gar nicht vorstellen.

»Ich dachte, dass ich nur verlieren kann, wenn ich loslasse. Dass ich dadurch auch gewinnen könnte, konnte ich mir zunächst gar nicht vorstellen.«

Ist Ihnen das zu allgemein gehalten? Dann möchte ich ein bisschen konkreter werden: Was ich loslassen lernen musste, war der Wunsch, mehr schaffen zu können. Wenn ich unterwegs war, brauche ich danach Zeiten, um mich zu erholen. Dazu gehört auch ein Jahresplan: Wie viele Termine kann ich annehmen? Und wenn die Liste voll ist, ist sie voll – auch wenn andere vielleicht mehr schaffen. Interessante Anfragen abzulehnen, wenn es für mich zu viel wird, gelingt mir immer noch nicht auf Anhieb. »Andere schaffen das doch auch!«, flüstert es dann in meinem Herzen. Jetzt zu sagen: »Ich aber nicht!«, daran übe ich noch. Das, was ich tue, dann aber gerne und engagiert zu tun – darin erlebe ich wirklich eine neue Freiheit. Noch einmal Thomas Härry: »Schauen Sie der Wahrheit ins Auge! Die Wahrheit ist immer Ihre Freundin, sie ist niemals Ihre Feindin. Das gilt besonders auch für die Wahrheit über Sie selbst, auch dort, wo sie sich im ersten Moment schmerzhaft anfühlt.«[20]

Zu dieser Entdeckung, etwas lassen zu müssen, gehört für mich aber auch die andere Seite: Anderes gerne zu tun und zu gestalten. Immer wieder auch einmal etwas auszuprobieren und auch an mir selbst noch einmal neue Seiten zu entdecken. Auch das hat ja damit zu tun, mein Maß zu finden. Eine dieser Entdeckungen war für mich in den letzten Jahren eine Form der interaktiven Bibelarbeit, der Bibliolog: »Bibel« und »Dialog«, beides steckt in diesem Wort. Es hat mich überrascht, damit meine Form der Bibelarbeit gefunden zu haben:

Biblische Geschichten miteinander zu lesen, zu erleben und dabei spannende Entdeckungen zu machen. Kennen Sie das, wenn Sie etwas tun und sich dabei einfach nur rundum wohlfühlen? Einfach, weil es Spaß macht, gelingt und andere und Sie selbst davon profitieren? Ich hätte es nicht für möglich gehalten, dass ich die Bibel mit dem Bibliolog noch einmal neu lesen, hören und wahrnehmen würde. Die Wertschätzung der Bibel gegenüber, aber in einer ganz besonderen Weise auch den Teilnehmenden gegenüber, sind die wesentlichen Kennzeichen des Bibliologs. Am Anfang fand ich es nicht so leicht, der Gruppe zu vertrauen. Zu glauben, dass etwas entsteht, wenn wir gemeinsam eine biblische Geschichte erleben. Und so habe ich im Zuge dieser Weiterbildung auch einiges über mich selbst gelernt. Aber ich habe nicht nur gelernt, sondern mich sicher auch verändert. Und das an einer Stelle, wo ich gar nicht damit gerechnet hatte.

Das ist mein persönlicher Berufungsweg. Und wenn ich es richtig sehe, geht diese Veränderung noch weiter. Da Berufungen ja völlig unterschiedlich aussehen und wir Menschen in der Regel an verschiedenen Punkten besonders herausgefordert sind, freue ich mich über zwei Veränderungsgeschichten zum Stichwort »Berufung«.

Veränderung: Berlin, ich komme!

Wer hätte das gedacht: Schwester Renate in Berlin? Damit hat wohl keiner gerechnet – am wenigsten ich selbst. So sitze ich auf meinem Balkon und bin im Zwiegespräch mit meinem himmlischen Vater: »Warum musste ich ›meinen ländlichen Hafen‹ Lemförde verlassen, in dem ich fast 35 Jahre als Diakonisse gelebt und gearbeitet habe?« Es war mir doch alles so vertraut. Warum im Alter von 51 Jahren noch einmal so eine große Veränderung? Noch dazu war es ein Start mit Hindernissen.

Inzwischen feiere ich mein dreijähriges Veränderungsjubiläum und bin stolz, Bürgerin der Hauptstadt Berlin zu sein. Jahr für Jahr zu staunen und mitzuerleben, was sich alles im Laufe der letzten 25 Jahre hier verändert hat. Ich liebe es, mit S- und U-Bahn unterwegs zu sein, das Leben in Berlin zu spüren. Es ist schön hier. Aber wie kam es eigentlich zu dieser Veränderung?

Meine letzte große Veränderung erlebte ich 2003, als ich mit Anfang 40 nebenberuflich die Ausbildung zur Erzieherin abschloss. Es war mir mehr und mehr wichtig geworden, mit Kindern und für Kinder unterwegs zu sein, um sie mit der Liebe Gottes vertraut zu machen. Für mich wurde es zum Herzensanliegen, dass sie bei Gott einen Raum finden, wo sie bedingungslos angenommen sind. Mit der Erzieherinnenausbildung wollte ich meine Berufung zum Beruf machen: Kindern ein Zuhause zu geben. Bisher übte ich diese Arbeit mit Kindern über viele Jahre nebenbei aus, weil ich vor allem in der Hauswirtschaft eingesetzt war. Ich backe und koche gern und liebe es, Gäste zu bewirten. Doch im Laufe der Zeit merkte ich immer mehr: Mein Herz schlägt für die Kinder! So spürte ich, dass es dran war, Prioritäten zu setzen und für das zu kämpfen, wofür mein Herz schlug.

Diese Entscheidung fiel mir nicht schwer, aber ich stellte fest, dass so etwas nicht von heute auf morgen geht. Es ist ein Weg, braucht Zeit und erfordert die Bereitschaft loszugehen. So kam ich nach meiner abgeschlossenen Ausbildung wieder in meine gewohnten Aufgaben. Eigentlich hatte sich nichts verändert. Nach wie vor war ich »in zwei Paar Schuhen« unterwegs: in der missionarischen Arbeit mit Kindern und in der Hauswirtschaft.

Sehr schnell spürte ich meine Grenzen. Deshalb lag ich Gott in den Ohren, wo denn mein Platz sei, um meine Berufung leben zu können. Und ich nahm mit Einrichtungen in der Nähe Kontakt auf. Ich schrieb Bewerbungen, führte Vorstellungsgespräche und bekam manche Absagen. In dieser Zeit begleitete mich mein Lebensmotto: »MV – mutig voran!« Meine Gespräche mit Gott, mit Menschen, die mich begleiteten, aber auch dieses Motto haben mir den nötigen Rückenwind gegeben weiterzugehen.

Wenn ich heute zurückschaue, kann ich nur staunen, wie sich alles entwickelt hat: Zwischenzeitlich hatte ich eine Mitschwester unseres DGD-Verbandes (Deutscher Gemeinschafts-Diakonieverband) bei einer Konferenz getroffen. Sie arbeitet schon 20 Jahre in Berlin im Elisabethstift, einer Kinder- und Jugendhilfeeinrichtung. Einmal hatte ich sie dort besucht, hatte aber keineswegs den Eindruck, dass dies mein Platz sei. Mir fehlte ein deutliches Zeichen von Gott. Ohne diese Gewissheit würde ich nicht gehen. Aber wenn es in Gottes Willen wäre, würde ich mich auf den Weg machen.

Es war keine einfache Zeit für mich. Einige meiner Aufgaben hatte ich in der Zwischenzeit schon aufgegeben. In einem Moment, wo es besonders schwer wurde, fiel mein Blick auf ein Buch, das auf meinem Tisch lag: »Wenn nichts mehr geht – dann geh!« In diesem Moment wendete ich mich noch einmal vertrauensvoll an meinen himmlischen Vater: »Vater, wo soll ich hingehen?«

Kurz darauf sah ich die Bambi-Verleihung im Fernsehen. Eine Diakonisse aus der Kinder- und Jugendhilfeeinrichtung Elisabethstift in Berlin erhielt für ihre Arbeit einen »Bambi«. Und als ich so dasaß und die Sendung schaute, die auch einiges von dieser Einrichtung zeigte, hörte ich plötzlich diesen Satz: »Ich komme!« Ich dachte, ich höre nicht richtig! Danach hatte ich den Eindruck, alles zieht mich in diese Richtung. Es gab Zeichen, die ich mir erbeten hatte, und nach diesem Wochenende gab ich dem inneren Ziehen nach. Telefonisch nahm ich Kontakt auf, führte erste Gespräche und schickte schließlich meine Bewerbung los. Nun ging alles ganz schnell und ich wurde zum Vorstellungsgespräch eingeladen. Als ich zurückkam, erbat ich mir ein Wort von Gott. Eine

Bekannte hatte auf dem Herzen, mir eine SMS zu schicken mit dem Wort aus Jesaja 30,21: »*Dies ist der Weg, den geht! Sonst weder zur Rechten noch zur Linken.*« Sie wusste nicht, wieso gerade dieses Wort – ich sollte es prüfen. Dies war »mein« Wort und darauf stützte ich mich. Schon bald war es dran, zu packen und den Umzug zu organisieren. Ich machte mich auf – vom ländlichen Lemförde in die Hauptstadt.

Nach zweieinhalb Jahren in Berlin kam dann die nächste Veränderung. Seit Juni 2015 arbeite ich als Erzieherin auf einer Familienfarm – einem Bauernhof mit einer Kita, die 30 Plätze hat. Gott hat Humor! Denn ich liebe Bauernhöfe und er sendet mich in die Großstadt, um auf einem Bauernhof als Erzieherin in einer Kita zu arbeiten. Ich habe mich entschlossen, für die Kleinsten da zu sein, um ihnen Raum zu geben, sich zu entwickeln und stark zu werden für das Leben. Dabei begleitet mich ein Ausspruch von Werner Bergengruen als Leitfaden der Erziehung: »Kinder wollen nicht belehrt werden, Kinder wollen bestätigt sein.« Wo können ihre Stärken entwickelt werden, um ihre Schwächen zu schwächen – das möchte ich gerne mit den Kindern entdecken. Diese Kleinen überraschen mich immer wieder, wenn ich einen guten Plan umwerfen muss, weil sie ganz andere Wege haben zu lernen. Ich möchte Zeit für sie haben, um sie zu fördern, zu unterstützen, emotional zu begleiten und Freude am Entdecken dieser Welt zu haben. Sie sollen es spüren: »Ich bin wertvoll!«

Ein besonderes Erlebnis war mein erster Elternabend: Ich war ziemlich aufgeregt und fragte mich, was ich den Eltern erzählen kann. Dann habe ich ihnen gesagt, was ich auf dem Herzen hatte: »Es ist ein großes Geschenk für mich, dass Sie mir Ihre Kinder anvertrauen. Für mich sind sie kostbare Perlen. Eine Perle entsteht in einer Muschel durch Sandkörner. Sie wird gerieben, das tut manchmal weh. Aber auf diesem Weg entstehen wunderbare und kostbare Perlen. So sehe ich unsere Kita: als eine Muschel, in der sich die Kinder zu besonderen Perlen entwickeln können. Manchmal durch Wut, Tränen oder auch Schmerz. Konflikte bleiben nicht aus. Aber hier werden sie darin ausgehalten und begleitet, dürfen sich entwickeln und stark werden für mutige Schritte in ihr Leben.« Was für ein Abend! Einige Eltern wischten sich ein wenig die Augen, wir konnten offen miteinander reden. Eine ermutigende Erfahrung.

Wenn ich heute zurückschaue, kann ich nur staunen. Vieles schien völlig unmöglich – aber Gott hat es gut gemacht. In diesem ganzen Prozess, durch manche Fragen hindurch, hat sich meine Beziehung zu Gott vertieft, ist Vertrauen gewachsen. Ein Vers aus der Bibel hat mich dabei begleitet: »*Werfet euer Vertrauen nicht weg, welches eine große Belohnung hat*« (Hebräer 10,35). Das ist meine Erfahrung mit Gott, die ich in meinem Leben nicht missen möchte. Denn in dem ganzen Prozess hat sich meine vertrauensvolle Beziehung zu Gott vertieft, der mir in vielen Gelegenheiten zurief: »Du schaffst das!«

Sr. Renate Rudlaff ist Diakonisse, sie ist 54 Jahre alt und lebt und arbeitet in Berlin.

Veränderung: Zurückkehren ist schwerer als losgehen

Wer sich auf den Weg in ein fernes Land zu einem anderen Leben aufmacht, dem wird geraten, sich gut darauf vorzubereiten. Die Menschen um uns herum staunen und wundern sich, dass ich mich wirklich traue aufzubrechen: mit meinem Mann, zwei kleinen Kindern und unseren Freunden, die in einer ähnlichen Familiensituation sind. Etwas mehr als 16 Jahre sind wir zusammen in Nordvietnam. Wir arbeiten als Mitarbeiter der »Allianz-Mission« in sozialdiakonischen Projekten, um

Menschen in ihrer oft notvollen Situation zu begegnen, sie zu begleiten und mit ihnen Wege aus dieser Situation zu finden. Wir sind aufeinander angewiesen, auf verlässliche Beziehungen in der Familie, im Mitarbeiterteam, auf tiefe Freundschaften und das barmherzige Eingreifen Gottes – immer wieder.

Diese Jahre gehen zu Ende und wir entscheiden uns, nach Deutschland zurückzukehren. Besonders mein Mann sieht eine neue Berufung für Aufgaben in unserem Heimatland. Wir dürfen gehen mit dem Bewusstsein, dass wir eine wichtige Arbeit begonnen, durchgeführt und in verantwortliche einheimische Hände übergeben haben. Und dennoch – Abschied nehmen ist eine schmerzliche Angelegenheit. Wir lassen viel zurück. Menschen unterschiedlicher Nationen, die Wegbegleiter und Freunde geworden sind. Aufgabenbereiche, in denen wir Kompetenzen erworben haben, in denen wir uns sicher und am richtigen Platz gefühlt haben. Unsere Identität als Missionare, Ausländer, die mit Gottes Auftrag seine Liebe in kreativer Art und Weise in einer anderen Kultur weitergegeben haben. Und bei diesem Abschied ist es anders als damals, als wir Deutschland verlassen haben. Hierher werden wir nicht mehr so regelmäßig zurückkehren – dies ist mit großer Wahrscheinlichkeit ein Abschied für immer. Loslassen, zurücklassen, ganz bewusst – das ist mein Thema. Und gleichzeitig habe ich Gott und mir versprochen, wach zu sein für das, was er für mich bereithat. Ich will mich nicht in Trauer verkriechen, sondern mit Erwartung in das neue Leben einsteigen.

Und dann sind wir wieder in Deutschland. 9000 Kilometer von unserem gewohnten Leben entfernt. Klare, saubere Luft im waldigen Lahn-Dill-Kreis. Herzliches Willkommen von Familie, Nachbarn, Gemeinde und alten Freunden. Interessierte Nachfrage nach unserem Ergehen und dem Wiedereinleben. Deutschland und seine Menschen sind freundlich zu uns. Doch der Weg von Hanoi nach Ewersbach ist länger als eine Flugreise. Es kostet Kraft, sich an dieses neue Leben im alten Land zu gewöhnen. Dabei ist es gar nicht einfach, den Finger auf die Punkte zu legen, die es schwer machen. Zunächst sind da ganz äußerliche Dinge. Ich fahre mit dem Auto auf gut ausgebauten Straßen statt mit dem Motorrad fließend um alle Hindernisse herum. Ich muss in Socken und Schuhen im Haus herumlaufen, statt mir abends den Staub von den Fußsohlen zu spülen. Ich muss darauf achten, wen ich duze und wen ich mit Sie ansprechen muss, statt mich in einer Unterhaltung auf die drei Sprachen Vietnamesisch, Englisch, Deutsch einzulassen. Schnell bin ich erschöpft von Eindrücken und Begegnungen. Gleichzeitig hat sich unsere Familiensituation grundlegend geändert. Beide Kinder sind zu Studien- und Ausbildungszwecken in unterschiedlichen Ländern unterwegs. Jetzt reden wir nicht mehr am Abendbrottisch miteinander, sondern fast ausschließlich nach Verabredung per Skype.

Tief greifend und schwer zu identifizieren sind die Dinge, die sich jetzt in meinem Inneren abspielen. Herausgenommen aus meinem bekannten und so lieb gewonnenen Umfeld, fühle ich mich unsicher und verwundbar. Der große Wechsel formt mich neu, mit und ohne meine bewusste Einwilligung. In Vietnam konnte ich erklären, wer ich war, was ich tat, welche Aufgaben ich in unseren Projekten und in der Gemeinde übernommen hatte. Ich füllte einen ganz bestimmten Platz aus und gehörte dazu. Ich war mittendrin in spannenden Prozessen, durfte Impulse setzen und traf mich mit Menschen in ähnlichen Situationen. Dieser sichere Rahmen ist mir mit unserem Umzug genommen. Meine Erlebnisse und Erfahrungen wirken nun teilweise befremdlich, ein wenig exotisch – aber für mein deutsches Gegenüber nicht relevant. Mal kommt mir Wohlwollen, mal Desinteresse entgegen. Immer muss ich etwas genauer erklären, weiter ausholen, nach einem Anknüpfungspunkt suchen. Gern möchte ich mich einordnen, wieder dazugehören. Doch dafür muss ich so viel neu lernen, so viele Fragen stellen.

In Deutschland gibt es eine große Zahl von Optionen, einen extremen Markt der Möglichkeiten. Erfolgreich ist, wer den für sich passenden Weg findet. Mein Eindruck ist, dass nach Beauftragung nur leise gefragt wird. Daher bin ich froh, dass mir einige Entscheidungen abgenommen worden sind. Wir ziehen in das Elternhaus meines Mannes. Ich gehe zurück in meinen alten Beruf. Allerdings ringe ich noch mit der Frage, worin die Platzanweisung Gottes für mich konkret besteht. Werden die kostbaren Erfahrungen meines Lebens in Vietnam auch für das Leben in Deutschland ihren Wert haben?

In der Vorbereitung für unsere Rückkehr nach Deutschland haben wir uns ganz bewusst mit dem Veränderungsprozess auseinandergesetzt, der ganz sicher kommen wird. Das war hilfreich. Freunde mit Erfahrung haben uns mit ihren Fragen auf einige zu erwartende Phasen dieses Prozesses eingestimmt. Sie haben uns sozusagen gedanklich auf die emotionale Berg-und-Tal-Fahrt vorbereitet, die ganz sicher kommt. Es hat mir geholfen, mich und meine Reaktionen in dieser noch nicht abgeschlossenen Phase besser zu verstehen. Auch unangenehme Gefühle zuzulassen, sie mir einzugestehen und mir Zeit zu geben, mich auf den neuen Lebensabschnitt einzustellen. Angeregt durch schriftliches Material[21], das unsere Freunde uns empfohlen hatten, habe ich in den letzten Monaten in Vietnam begonnen, die Geschichte des Auszugs des Volkes Israel aus Ägypten zu lesen. Ich nahm mir Zeit, mich in den ersten Monaten in Deutschland mit ihrer Wüstenwanderung, dem Unterwegssein, den Hindernissen auf ihrem Weg in das Gelobte Land, der Landnahme und dem Sesshaftwerden zu beschäftigen. Erstaunlich, welche Parallelen ich in diesen alten Texten entdeckte. Gern hätte ich mich das eine oder andere Mal mit den Wandernden über ihre Gedanken und Gefühle ausgetauscht, wenn sie sich immer wieder mit einer neuen Situation auseinandersetzen mussten. Auch sie haben die Erfahrung gemacht, dass zwischen Aufbruch und

Ankunft ein weiter Weg liegt. Verlust, Kummer und viele Fragezeichen eingeschlossen. Aber sie hatten auch die großartige Zusage Gottes für ein Leben in Freiheit als sein Volk.

Ähnlich erlebe ich es aktuell: Veränderungen sind herausfordernd, manchmal hart und unangenehm. Aber sie tragen die Chance in sich weiterzukommen, Neues kennenzulernen und den eigenen Horizont zu erweitern. Äußere und innere Veränderungen bedeuten Wandel, Bewegung, Perspektivenwechsel und vieles mehr. Aber sie können und werden meine Identität als Kind Gottes niemals ändern.

Birgit Schmidt, verheiratet mit Thomas, ihrem Weggefährten auf üblichen und unüblichen Wegen; zwei großartige, junge erwachsene Kinder; dankbar für Gottes Zusagen über ihrem Leben (Jesaja 43,1).

7.
Ich will mich verändern – aber wie?

Das Leben noch einmal neu zu schmecken und zu erfahren, es gibt mehr als eine Ansammlung von Terminen und To-do-Listen, mehr als Einkaufen und alles in Ordnung bringen. Das Leben ist mehr.

> *»Sechs Tage in der Woche bist du dazu berufen, zu verändern, zu entwickeln, zu verbessern – aber nicht am siebten Tag.« (Tomas Sjödin)*[22]

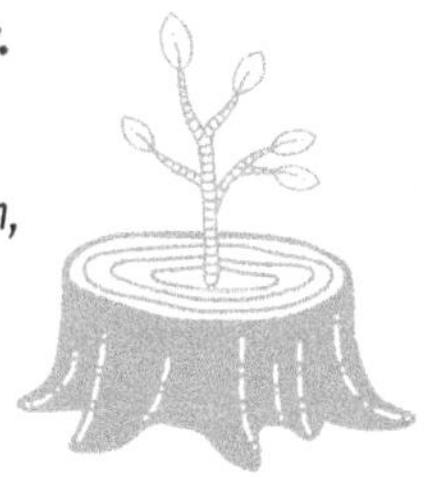

Ein Buch über Veränderungen sollte auch einen ganz praktischen Teil zum Thema enthalten. Aber wie genau kann der aussehen? Klar kann man dazu einfach einige Ideen und Anregungen sammeln, frei nach dem Motto: »In sieben Schritten zur Veränderungskompetenz.« Doch diesen Gedanken habe ich schnell verworfen. Was ich brauche, auch in den praktischen Veränderungen meines Lebens, ist die Überzeugung: »Ja, das ist jetzt gut so!« Ich brauche einen Grund, wozu ich etwas mache, damit es nicht bei schlichten Appellen bleibt und alles nur in einer riesigen Kraftanstrengung endet.

Wozu verändern?

Wozu also verändern? Ein wesentlicher Grund ist für mich, das Leben noch einmal neu zu entdecken, zu spüren, wahrzunehmen. Von Natur aus bin ich ein eher gewissenhafter Mensch – und das wohl stärker, als es mir selbst bewusst ist. Wenn ich eine Arbeit angefangen habe, höre ich erst dann auf, wenn sie abgeschlossen ist. Wo das nicht möglich ist, versuche ich wenigstens, so weit wie möglich zu kommen. Dabei lege ich dieses Verhalten nicht nur in meinen Beruf an den Tag, sondern es zieht sich wie ein roter Faden durch mein Leben: Beruf, Familie, Haushalt... Und obwohl ich mich schnell getrieben und erschöpft erlebe, finde nicht wirklich einen Weg heraus.

Irgendwann kam der Punkt, an dem ich anfing, mir mehr Leben im Leben zu wünschen. Das Leben noch einmal neu zu schmecken und zu erfahren. Zu erleben, dass Leben mehr ist als eine Ansammlung von Terminen und To-do-Listen, mehr als Einkaufen und alles in Ordnung bringen.

»Das Leben ist mehr als nur eine Ansammlung von Terminen und To-do-Listen, mehr als Einkaufen und alles in Ordnung bringen.«

Für mich steckt darin die Würde, die Gott unserem Leben verliehen hat, gleich am Anfang der Schöpfung. Tomas Sjödin schreibt dazu: »Ich versuche manchmal, mir die einzelnen Schöpfungstage vorzustellen und sie vor meinem inneren Auge abspielen zu lassen, wie da aus nichts etwas hervortrat... Am sechsten Tag, als alles andere geschaffen war, rief er den Menschen ins Leben. Dann machte Gott mit dem Menschen einen Rundgang durch das Paradies, das er geschaffen hatte, nannte einige Spielregeln und sagte: ›Und morgen früh, wenn ihr wach werdet, ist hier übrigens Feiertag.‹ Das sagte er zu zwei Wesen, die bis dahin noch keinen Finger gerührt hatten. Sie waren gerade erst angekommen. Verschlafen, splitternackt und nigelnagelneu standen sie da. Und das Erste, was sie ›tun‹ sollten, war: ruhen. Man kann daraus zwei Schlüsse ziehen. Der eine ist theologisch: Bis der Mensch auf die Bühne tritt, ist das Meiste bereits erledigt. Er muss die Welt nicht (noch einmal) schaffen. Die Welt ist schon fertig – ein Gedanke, in den man sich in Ruhe (!) vertiefen kann. Der andere Schluss ist lebenspraktisch: Es ist klug, die Ruhe an die Stelle zu setzen, die ihr zugedacht ist: an die erste Stelle ... Das alte Wort für Erholung, ›Rekreation‹, bedeutet wörtlich ›neu schaffen‹, ›noch einmal schaffen‹. Diese Neuschöpfung geschieht, was den Körper angeht, im Zustand des wachen Ruhens. Und genau wie die Erschaffung der Erde nicht nach einer Woche abgeschlossen war, so müssen auch unser inneres Leben und unsere Gedanken umgestaltet und erneuert werden, immer und immer wieder. Genau das geschieht in der Re-kreation. Wir entscheiden uns für das Nichtstun und lassen das, was dann geschieht, mit uns geschehen. Wir ruhen vom Fortschritt, von allen Verbesserungen und Veränderungen und lassen alles für eine Weile so, wie es ist. Und verrückterweise kann daraus etwas wachsen, ganz unverkrampft. Wir lassen uns selbst, unsere Wege und Entscheidungen in gewissem Maße neu schaffen.«[23]

Zunächst geht es also nicht darum, gleich wieder etwas zu tun. Sondern ich bin eingeladen zum Leben, zum Sein-Dürfen. Einfach so. Ich möchte mich locken lassen in dieses Leben hinein. Mich freuen. Und wer weiß: Vielleicht freut sich Gott daran in besonderer Weise, dass er jemandem das Leben geschenkt hat, der dieses Geschenk liebt.

Mit praktischen Veränderungen hat das nun aber noch nicht so viel zu tun, könnte man einwenden. Stimmt! Trotzdem glaube ich, dass es gut ist, sich noch einmal anzuschauen, unter welchem Vorzeichen man etwas tut. Und mir hilft da diese Einladung. Sie sortiert etwas in meinen Gedanken – mehr noch: in meiner Seele. Ich erkenne: »So ist Gott – und so ist er auch zu mir.« Mein Leben ist sein Geschenk. Und mit diesem Geschenk möchte ich behutsam umgehen, es pflegen, darauf achthaben. Wie das konkret aussehen kann, ist ganz unterschiedlich. Hier hat jeder sein eigenes Tempo, seine Vorlieben und Möglichkeiten.

Was verändern?

Als konkrete Beispiele für Veränderungen greife ich drei Bereiche auf, die mir selbst wichtig geworden sind:

Meinen Lebensrhythmus finden

Viele Menschen leben einen Rhythmus, den sie sich nicht selbst ausgesucht haben. Er ist durch Arbeit und Aufgaben vorgegeben. In den ersten Jahren unserer Ehe erlebten mein Mann und ich unser Berufsleben gegenläufig zu allen anderen: So mussten wir zum Beispiel am Wochenende arbeiten, waren dafür aber wir in der Woche flexibler. Welcher Vater ist schon bei den meisten Mahlzeiten dabei? Das haben wir als Familie wirklich genossen. Und auch, dass wir als Eltern das Meiste im Leben unserer Kinder gemeinsam mitbekommen haben.

Auf der anderen Seite mussten wir arbeiten, wenn viele andere freihatten. Aber auch da gab es unterschiedliche Phasen. Wann immer es möglich war, haben wir den Sonntag von zusätzlicher Arbeit freigehalten. Das hat uns gutgetan. Und meistens fing unser Sonntag schon am Samstagabend an: Ein schönes gemeinsames Abendessen, einen Hefezopf backen – so roch es schon am Samstag nach Sonntag. Nicht immer ist das gelungen, aber doch oft genug.

Seit unsere Kinder aus dem Haus sind, ist besonders bei mir dieser gute Rhythmus ein wenig unter die Räder gekommen – etwas, was mir erst beim Nachdenken darüber wieder bewusst geworden ist. Wie viele Sätze fange ich an mit: »Ich will nur schnell mal die zwei, drei Maschinen Wäsche waschen.« Oder: »Beim Krimi am Sonntagabend kann ich doch nebenher auch bügeln.« Und so ging es weiter. Schnell wurden solche Ausnahmen normal. Nicht dass das nicht sein dürfte – ich finde immer noch, dass ich das selbst entscheiden darf. Doch ich spüre, dass es mir nicht guttut. Es nimmt dem Sonntag die Würde, die Gott ihm zugedacht hat. Da will und werde ich etwas verändern – um des Lebens willen: feiern – freuen – ruhen. Was ja nicht unbedingt bedeutet, einfach nur still dazusitzen. Im Gegenteil: Seit vielen Jahren gehört der ausgiebige Sonntagsspaziergang für uns zur guten Gewohnheit. Nach unserem Umzug haben wir uns Wanderkarten vom neuen Wohnort gekauft und erkunden mit viel Vergnügen die Gegend.

Bewegung – Gesundheit

Der zweite Bereich, der mir wirklich wichtig ist, heißt: Bewegung. Wenn ich innerlich oder äußerlich »Land unter« habe, muss ich an die frische Luft. Meistens wird es dann besser. Und das gilt auch, wenn es in unserem Miteinander hakt – vieles bekommen wir beim Laufen und Reden besser auf die Reihe als im Wohnzimmer. Natürlich laufe ich nicht nur krisenmäßig durch die Weltgeschichte; immer wieder bin ich auch einfach zum Vergnügen unterwegs. Oder wir setzen uns auf die Räder. Nicht so sportlich wie unsere Nachbarn – ein kleiner Motor hilft mir bergauf für den nötigen Auftrieb. Der freundliche Fahrradverkäufer meinte sehr charmant: »Sogar schon Anfang 30-Jährige kaufen heute ein E-Bike!« Netter Versuch, mir deutlich zu machen, dass ich ja noch nicht zu den Senioren gehöre. Dennoch muss ich mir eingestehen: Sportlich nähere ich mich aber in großen Schritten der nächsten Lebensphase. Sei's drum, auf diese Weise bleibt das Fahrradfahren trotz diverser Hügel ein gemeinsames Vergnügen.

Aber das ist noch nicht alles: Zum ersten Mal in meinem Leben gehe ich in ein Fitnessstudio. Nicht alleine, sondern in der Gruppe. »Dynamic fitness« heißt das Studio – und der Name ist Programm. »No challenge – no change!«, rief die Trainerin bei meiner ersten Stunde ins Mikro. Also, auf geht's! Sie schien so gar nicht müde. Mit Gewichten und ordentlich Tempo ist sie dabei, uns zu motivieren. »Das verbrennt Kalorien! Davon bekommt man einen straffen Po.« Ersteres wünsche ich mir, das andere hätte ich gern. Aber geht das nicht auch mit weniger Aufwand? »Wenn nicht jetzt, wann dann?«, versuchte ich mich tapfer zu motivieren. Ernsthaft hoffte ich darauf, das Experiment mit möglichst wenig Muskelkater zu bestehen. Es blieb bei dem Wunsch. Und doch: Recht hat sie. »No challenge – no change!« – »Keine Herausforderung – keine Veränderung!« Tja, auf den Po und die verbrannten Kalorien warte ich noch. Und trotzdem hat mir dieser Kurs vermutlich mehr als manches andere geholfen anzukommen.

Ausmisten – Aufräumen – Platz schaffen

Ein dritter Veränderungsbereich ist das Ausmisten, Aufräumen und Platz schaffen. Das ist wohl mit das Beste an einem Umzug: Wir haben nicht nur eingepackt, sondern auch kräftig ausgemistet. Was sich da so alles angesammelt hatte! Und bevor man etwas in einen Umzugskarton packt, überlegt man schon, ob man es noch braucht. Wir haben es beim Einpacken gemacht – und beim Auspacken noch einmal: Wollen wir das wirklich noch? Ein bestimmtes Buch habe ich zehn Jahre nicht gebraucht und die Vermutung liegt nahe, dass sich das im elften Jahr nicht verändert. Da mein Mann und ich in diesen Fragen beide recht pragmatisch sind, geht das für uns gut. Nur seine

Plastikritterburg, ein graues Ungetüm, das wir im Keller seit Jahren munter von einer auf die andere Seite räumen, wollte er nicht weggeben. Obwohl sie immer wieder im Weg ist…

Aufräumen, Ausmisten, Platz schaffen: Auch ohne Umzug haben wir von Zeit zu Zeit solche Aktionen immer wieder mal eingeplant – und immer wieder erlebe ich sie als echten Befreiungsschlag. Genauso wie vor dem Urlaub den Schreibtisch aufzuräumen: Danach sehe ich irgendwie klarer. Äußerlich sortiert zu sein hilft mir, auch innerlich zur Ruhe zu kommen. Manches brauche ich nicht, manches sollte ich vielleicht lesen – aber muss ich? Schnell verzettele ich mich, sammle wichtige Artikel und der Berg, der zu bearbeiten ist, wird immer höher, türmt sich auf, klagt mich an: »Na, hast du es immer noch nicht geschafft?« Von Zeit zu Zeit die Dinge zu sichten und noch einmal neu zu entscheiden, was ich brauche und was nicht – mich entlastet das.

»Von Zeit zu Zeit die Dinge zu sichten und noch einmal neu zu entscheiden, was ich brauche und was nicht – mich entlastet das.«

Dasselbe gilt auch für den Kleiderschrank. Eine Freundin erzählte, wie sie neulich kräftig »zugelangt« hat: Alles, was sie ein Jahr lang nicht getragen hat, wurde aussortiert. Rigoros. Von wie vielen Schätzchen sie sich da verabschiedet hat. Das hat mich an die Haushaltsauflösung bei meiner Großmutter erinnert: Nach der einhundertsten Bluse hat meine Schwägerin zu zählen aufgehört. Meine Oma lebte eben noch in einer Generation, wo man nichts weggegeben, geschweige denn weggeworfen hat. Das gab es einfach nicht.

Wie finde ich hier und heute für mich ein gutes Maß? Ich schaue vor jeder neuen Saison, was ich habe und was ich eventuell wirklich neu brauche. Was lässt sich gut miteinander kombinieren? Und in welche guten Stücke passe ich auch in fünf Jahren sicher nicht wieder hinein?

Praktische Veränderungen. Ehrlich gesagt, hoffe ich, dass ich damit noch nicht am Ende bin, sondern dass noch neue Erfahrungen dazukommen. Der irische Schriftsteller George Bernard Shaw sagt es einmal so: »Die Weisheit eines Menschen misst man an seiner Fähigkeit, neue Erfahrungen zu machen.« Das gilt auch für die praktischen Fragen meines Alltags. Auf geht's!

8.
Wenn frau sich verändert – und mann so bleibt

Was hilft, Ehe in einer sich ständig verändernden Gesellschaft zu leben? Wie habe ich mir mein Leben vorgestellt – und passen unsere Vorstellungen zueinander? Welcher Kitt hält uns zusammen, trotz mancher Unterschiede?

> *»Eine Frau heiratet einen Mann in der Hoffnung,*
> *dass er sich ändert. Aber er ändert sich nicht!*
> *Ein Mann heiratet eine Frau in der Hoffnung,*
> *dass sie sich nicht ändert – und sie tut es!«*
> *(Verfasser unbekannt)*

Wie steht es um Veränderungsprozesse, die nicht nur mich selbst betreffen? Mit wie vielen Erwartungen starten Frauen und Männer in eine Beziehung – und wie viele enttäuschte Hoffnungen stehen häufig an deren Ende? Ist es überhaupt möglich, einen guten gemeinsamen Weg zu finden?

Unser Leben hat sich verändert und das gilt auch und besonders für den Bereich von Partnerschaft und Familie. Wir haben mehr Möglichkeiten als alle Generationen vor uns, doch damit ist auch der Abstimmungsbedarf deutlich größer geworden. Für die Generation meiner Mutter und Großmutter war es klar: Sobald Kinder da waren, blieb die Frau zu Hause. Wo sollte sie auch sonst sein? Alle anderen Lebensentwürfe bildeten die Ausnahme. Seither haben sich die Rollenbilder gründlich gewandelt. Wie Frau und Mann heute ihr Miteinander leben, ist nicht länger vorgegeben, sondern muss immer wieder neu verhandelt werden. Die Anforderungen an beide sind gestiegen und erfordern mehr Klärung: Wer? Was? Wann? Wie lange? Die Bereitschaft, immer wieder aufeinander zuzugehen und Kompromisse zu finden, erfordert eine Menge Kraft und Flexibilität – und oft auch einige Diskussionen. Auf die Fortschritte und Möglichkeiten, die das besonders für uns Frauen gebracht hat, möchte ich ganz sicher nicht verzichten. Aber mit neuen Möglichkeiten sind auch Schwierigkeiten verbunden und Kraftanstrengungen, die zu bewältigen sind. Viele Familien und Paare kommen hier auch an ihre Grenzen. Es ist ja nicht so, als wäre heute bloß alles einfacher.

Zu diesen äußeren Faktoren gesellen sich die ganz persönlichen Fragen: Wie habe ich mir mein Leben vorgestellt – und du dir deins? Passen unsere Vorstellungen zusammen? Welche Fragen sind verhandelbar und wo können oder wollen weder du noch ich Kompromisse eingehen? Was lässt sich verändern und womit müssen wir uns arrangieren? Welcher Kitt hält uns zusammen – trotz mancher Unterschiede und verschiedener Vorstellungen? Und was hilft uns wirklich dabei, Ehe und Familie in einer sich ständig verändernden Gesellschaft zu leben?

»Du hast es vielleicht gut! So können wir uns Ehe auch vorstellen. Aber so einen Mann musst du erst mal finden!« – Wir sitzen im Spätsommer 2001 am Strand an der Ostküste Kretas. Eine Runde mit jungen Frauen auf einer Freizeit, die mein Mann und ich gemeinsam leiten. »Tja, ich will euch ja nicht die Illusionen nehmen«, lenke ich ein, »aber wir haben uns auch erst zusammenraufen müssen. Auch wir haben uns nicht so fix und fertig kennengelernt. Und wenn ein Pfälzer und eine Hamburgerin versuchen, einen gemeinsamen Weg zu finden, ist das nicht immer nur einfach. An manchen Stellen haben wir uns nichts geschenkt, sondern heftig miteinander gestritten. Denn ein gutes Miteinander will auch erarbeitet sein!«

Welche Veränderungen haben uns geprägt?

Viele Jahre sind seit jenem Strandgespräch vergangen. Manche Wege haben wir seit diesem Sommer zurückgelegt. Zu der Zeit waren wir mitten im Familiengetümmel. Seitdem hat sich beruflich und familiär so gut wie alles verändert: Damals war ich als Familienfrau für unsere drei Kinder zuständig, habe freiberuflich als Referentin gearbeitet und für einige Aufgaben waren mein Mann und ich gemeinsam unterwegs. Heute sind wir wieder zu zweit allein zu Hause, unsere Kinder sind erwachsen, wir sind beide berufstätig und haben den Wohnort und das vertraute Umfeld verlassen. Viel mehr Veränderung geht fast nicht.

Wie ist das, wenn wir heute zurückschauen? Welche wesentlichen Veränderungen haben uns geprägt? Rückblickend läuft man ja schnell Gefahr, eine bestimmte Lebensphase zu glorifizieren: »Wie schön war das damals!« Es ist sicher gut, sich an die schönen Zeiten zu erinnern. Wenn ich heute zurückblicke, gab es aber auch damals Zeiten, dir mir wirklich schwergefallen sind. In einigen Phasen unseres gemeinsamen Lebens haben wir miteinander gerungen und nach einem guten Weg gesucht. Ich denke, dass es fast nicht anders möglich ist. Dieses Ringen ist Teil eines gemeinsamen Lebens – vorausgesetzt, man möchte sich verändern oder entdeckt zumindest die Notwendigkeit, es zu tun. Wir haben uns verändert – ganz sicher. Jeder für sich, aber auch gemeinsam. Doch auch an dieser Stelle sind wir ein durchschnittliches Ehepaar: Ganz typisch für viele Frauen kamen und kommen manche Veränderungsimpulse bis heute von mir.

Zeit zu zweit

Als wir 1990 heirateten, boomte gerade die christliche Beratungsszene. Ein Standardhinweis in dieser Zeit war, dass es gut sei, Eheabende miteinander zu verbringen, um Zeit zu haben, miteinander zu reden. In der ersten Phase, in der mein Mann als Prediger arbeitete, der zu jeder Mahlzeit zu Hause war und wir noch keine Kinder hatten, hatten wir eigentlich immer Zeit zum Reden. Trotzdem haben wir Eheabende eingeführt. An die ersten kann ich mich noch gut erinnern: Ich war ausgerüstet mit einer Liste, auf der ich einige »Themen« aufgeschrieben hatte, über die ich gerne mit meinem Mann sprechen wollte. Wenn ich mich recht erinnere, waren diese Gespräche nicht nur lustig. Am nächsten Abend war er ebenfalls vorbereitet und hatte eine eigene Liste dabei. Schade, dass wir diese Zettel nicht aufgehoben haben! Rückblickend betrachtet, war es wohl eher eine etwas zwanghafte Ausführung einer grundsätzlich guten Idee.

Mit der Zeit waren wir diesbezüglich entspannter unterwegs. Aber ohne Frage hat uns die Einrichtung der Eheabende geholfen: Einen Abend in der Woche haben wir stets für uns reserviert. Ich habe für uns beide gekocht (er hat später die Küche gemacht ...) und wir haben uns Zeit genommen, so manches miteinander zu besprechen. In der Familienphase mit drei Kindern haben wir diese Zeit zu zweit wirklich genossen. Sie war die Zäsur, die uns immer wieder klarmachte: Wir sind eben nicht nur Familie, sondern auch Paar! Manchmal habe ich mir gewünscht, dass Impulse dazu auch von meinem Mann kommen. Bei meiner Seelsorgerin habe ich mich einmal genervt beschwert: »Mann!, kann er sich nicht auch mal darum kümmern! Wenn ich es nicht plane, passiert nichts!« Ich war echt sauer! Woraufhin sie zu mir meinte: »Macht er denn mit?« »Ja, schon«, entgegnete ich. »Na, das ist schon ganz viel«, erwiderte sie. Super! Ich hatte mit Unterstützung gerechnet – wir beide gegen die Männer, die doch auch mal etwas tun könnten – und nun das! Andererseits hat mir dieser Hinweis auch geholfen, meinen Part in unserem Miteinander zu übernehmen. Nun kann ich mir schon vorstellen, dass es Paare gibt, wo solche Impulse auch von ihm kommen. Doch wenn ich richtig beobachtet habe, ist diese Konstellation eher selten. In vielen Beziehungen kommen die Anstöße in dieser Richtung sicher von der Frau. Das bedeutet aber auch: Wenn ich mich an dieser Stelle schmollend verweigere, wird vermutlich nichts passieren. Diese Erkenntnis hat mir nicht zu jeder Zeit geschmeckt, andererseits hat sie uns in unserem Miteinander sicher geholfen.

Was hinzukommt: Es gibt ja auch Aufgaben, die kann und will ich nicht übernehmen. So hat von Anfang mein Mann unsere Finanzen geregelt und auch andere Bereiche übernommen. Wenn ich es hätte kalkulieren müssen, hätten wir ganz sicher kein Haus gekauft. Auch für die Autos und andere praktische Fragen ist mein Mann zuständig. Alles in allem haben wir die anfallenden Aufgaben, ziemlich pragmatisch den jeweiligen Gaben und Grenzen entsprechend, verteilt. Für uns ist das eine gute Lösung. Andererseits sind wir dabei, bisherige Grenzen zumindest ein wenig weiterzuentwickeln: Was für andere selbstverständlich war, ist für uns neu: Mittlerweile kochen wir gemeinsam. Und wenn wir einen Kuchen brauchen, backt den mein Mann.

Was uns darüber hinaus für unsere eigenen Veränderungsprozesse schon vor einigen Jahren sehr inspiriert hat, ist das Buch von

Judith S. Wallerstein: »Gute Ehen. Wie und warum die Liebe bleibt«[24]. Sie fragt nicht danach, woran Menschen scheitern, sondern sie fragt: »Wie gelingt es Paaren, allen Scheidungsraten zum Trotz eine gute Ehe zu führen? Was ist ihr Geheimnis?« Dazu hat sie eine Untersuchung durchgeführt und ist zu interessanten Ergebnissen gekommen: »In jeder Partnerschaft gibt es neun notwendige Aufgaben, die das Paar gemeinsam lösen muss, zum Beispiel die richtige Balance zwischen Wir und Ich zu finden und Raum für Auseinandersetzung zu schaffen …«[25] Manche ihrer Erkenntnisse sind nicht neu, aber das ist meines Erachtens auch nicht wichtig. Wichtig und ermutigend finde ich ihre Fragestellung: »Wie und warum bliebt die Liebe?«

»Wie gelingt es Paaren, allen Scheidungsraten zum Trotz eine gute Ehe zu führen? Was ist ihr Geheimnis?«

Besonders schön und eindrücklich habe ich folgendes Erlebnis empfunden, von dem Judith Wallerstein erzählt: »Kurz nachdem ich mit dieser Studie begann, trafen mein Mann und ich uns mit Joan Erikson, der Frau des Psychoanalytikers Erik Erikson, die sich auch mit eigenen Forschungen hervorgetan hat. Die Eriksons waren zu dem Zeitpunkt seit sechzig Jahren verheiratet, und ich wollte Joan um Rat fragen. Nachdem ich ihr mein Projekt beschrieben hatte, fragte ich Joan, was ihrer Meinung nach der wichtigste Bestandteil einer glücklichen Ehe sei. Die neunzigjährige Frau saß ganz aufrecht da in ihrem modischen pupurfarbenen Kleid. ›Die Frage ist leicht zu beantworten‹, sagte sie ohne zu zögern. ›Der Humor. Was bleibt ohne Humor? Der Humor hält doch alles zusammen.«[26] Humor und – Judith Wallerstein ergänzt – echtes Interesse aneinander. Beides wach zu halten oder immer wieder neu zu wecken, darin liegt unserer Erfahrung nach wirklich ein Schlüssel zu einem glücklichen Miteinander.

9.
Veränderung oder Verwandlung – geschehen lassen

Das Geheimnis der Verwandlung: Da passiert etwas mit mir in der Nähe Gottes. Ich darf es an mir geschehen lassen. Die Erfahrung meiner Ohnmacht ist der Ort und die Voraussetzung für das Handeln Gottes.

»Gott wird nicht müde zu geben, und seine Erbarmungen sind unerschöpflich. Werden auch wir nicht müde, zu empfangen.«
(Theresa von Avila)

Veränderung oder Verwandlung? Vermutlich ist es gar kein »Oder«, sondern ein »Und«. Es ist nicht das eine oder andere, beides gehört zu seiner Zeit dazu. Veränderung ist die aktive Seite, die mir auf Anhieb näherliegt. Ich kann etwas tun, mache mich auf einen Weg. Verwandlung bedeutet, stillzuhalten, abzuwarten, Menschen und Dingen Zeit zu geben, sich zu entwickeln.

Zeit lassen – geschehen lassen

»Bei jedem Wechsel habe ich zwei Jahre gebraucht, bis ich wirklich angekommen bin«, meinte eine Freundin einmal zu mir. Durch die Aufgaben ihres Mannes hatten sie mehrmals nicht nur den Ort, sondern auch die Aufgaben gewechselt. Du meine Güte, zwei ganze Jahre! Dauert das wirklich so lange? Und wie ist das mit der Zwischenzeit? Ehrlich, da bin ich echt ungeduldig. Kann man da nichts machen? Der Dichter Rainer Maria Rilke hat einem jungen Kollegen einmal Folgendes geraten: »Man muss Geduld haben gegen das Ungelöste im Herzen und versuchen, die Fragen selber lieb zu haben, wie verschlossene Stuben, und wie Bücher, die in einer fremden Sprache geschrieben sind.«[27] Geduld haben gegen das Ungelöste in meinem Herzen und die Fragen selber lieb haben – was für eine wunderbare Alternative. Wie wäre das: Statt krampfhaft darauf zu warten, dass sich meine Fragen möglichst schnell verziehen, sie nicht nur bloß zu ertragen, sondern sogar lieb zu haben? Sicher ist damit nicht gemeint, etwas in selbstquälerischer Absicht mögen zu müssen, was sich schrecklich anfühlt; vielmehr darf ich neugierig darauf sein, was sie mir erzählen können.

»Man muss Geduld haben gegen das Ungelöste im Herzen
und versuchen, die Fragen selber lieb zu haben,
wie verschlossene Stuben, und wie Bücher,
die in einer fremden Sprache geschrieben sind.«

Die verschlossene Stube erinnert mich an die Weihnachtsfeste in meiner Kindheit: Vor dem Weihnachtsabend war das Wohnzimmer verschlossen und wie aufgeregt war ich, bis die Weihnachtsstube geöffnet wurde. Was war das für ein Augenblick: Der geschmückte Tannenbaum, die Päckchen und der Moment, als ich sie endlich öffnen durfte. Was für ein verheißungsvolles Bild für Neues. Damit löst sich das Schmerzhafte des Veränderungsprozesses, die Fragen rund um den Wechsel, nicht in Wohlgefallen auf, aber sie erscheinen auf einmal unter einem anderen Vorzeichen. Und ich muss zugeben, sie wecken schon so etwas wie Entdeckerfreude in meinem Herzen.

Halt – Haltung – Gehaltensein

Dieses neugierige Suchen, Fragen, Entdecken – scheint mir nun wirklich Teil einer Haltung zu sein. Also doch wieder Anstrengung? Ich glaube, es steckt beides darin: Der Versuch einer veränderten Haltung, auch dem Neuen gegenüber, hilft gleichzeitig dazu, Halt zu finden. Diese offene Haltung hilft dabei, dass sich etwas entwickeln darf. Und noch einmal: Darin bin ich selbst alles andere als ein Profi! Es reibt sich kräftig mit meinem tiefen Wunsch, alles möglichst zu planen – und es damit in den Griff zu kriegen. Aber jetzt und heute brauche ich genau das: eine Empfindsamkeit und Neugier für die Chancen, die sich mir jetzt bieten, und den Mut und die Bereitschaft, mich darauf einzulassen.

Das bedeutet auch, dass ich mich von lieb gewordenen Gewohnheiten oder Verhaltensmustern verabschieden muss. Hier liegt sicher ein Knackpunkt. Das fällt niemandem leicht und ich spüre, dass ich einiges an Kraft investiere, um es zu vermeiden. Und trotzdem – billiger ist es nicht zu haben. Ich muss es wirklich lernen, muss es einüben, diesen Entwicklungsprozessen Zeit zu lassen, warten können und darauf vertrauen, dass wirklich noch mal etwas Neues entsteht. Ein Stück meiner Lebensgeschichte wird gerade neu geschrieben. Das ist spannend. Das Leben schenkt mir gewissermaßen ein ganz frisches, unbeschriebenes Blatt Papier. Danke, Leben!

Klingt das zu rosig? Wie am Schreibtisch ausgedacht, aber im wirklichen Leben nicht machbar? Ich hoffe nicht, auch wenn mein Selbstversuch noch läuft. Aber klar ist auch, dass das nicht nur von selbst geht. Deshalb frage ich mich nicht nur, welche Haltung notwendig ist, sondern auch, wie und von wem ich in diesen Umbrüchen gehalten werde. Und wie könnten solche zentralen »Haltegriffe« aussehen, an die ich mich klammern kann oder die mich festhalten?

Ein Netz an tragfähigen Beziehungen

Ich kann es nicht alleine, aber ich muss es auch nicht alleine schaffen. Das ist ganz sicher mein wichtigster Haltegriff: Menschen, mit denen ich mein Leben teilen kann. In erster Linie ist es sicher mein Mann, der einfach da ist und mich darüber hinaus unterstützt. Aber auch alte und die ersten neuen Freunde helfen mir dabei.

Nicht alles auf einmal wollen

Irgendwann im Verlauf des letzten Jahres hatte ich das Gefühl, dass es so, wie ich es mir vorgenommen hatte, nicht funktioniert. Wie so oft hatte ich mir zu viel auf einmal vorgenommen und dadurch einen Druck aufgebaut, dem ich nicht gewachsen war. Schnell wurde mir klar: Ich muss das »Paket« verkleinern. In der neuen Lebenssituation anzukommen heißt für mich, in unserem Haus gemeinsam mit meinem Mann ein neues Zuhause zu gestalten. Einen Ort zu schaffen, an dem auch unsere Kinder immer wieder einkehren. Das ist der erste Schritt. Der zweite Schritt könnte so aussehen: Mich rauswagen und aktiv Leute einladen. Aber hier darf ich mir auch Zeit lassen. Was dieser Satz – »Ich darf mir Zeit lassen« – mir an Entlastung gebracht hat, kann ich gar nicht so genau beschreiben. Aber so ist es! Und wenn andere es mir zugestehen, dann will ich es mir selbst doch auch zugestehen. Vielleicht klingt es komisch, aber das hat geholfen. Mein Bewältigungspaket wurde übersichtlicher. Und erstaunlicherweise klappt es jetzt auch mit dem Einladen – auf einmal erlebe ich mich irgendwie gelöster.

Kleine Schritte gehen – aber regelmäßig

»Eine Reise von tausend Meilen beginnt unter deinem Fuß«, wusste schon Laotse. Nicht gleich schon die ganze Reise, aber die ersten Schritte will ich weiter versuchen: Sport, der Besuch des Gottesdienstes, die fast tägliche Walking-Runde, die kleinen Small Talks mit den Nachbarn … Schnell schleicht sich bei mir ein Gedanke ein: »Was ist das schon?« Ich könnte aber auch denken: »Das sind meine ersten Schritte und die will ich ganz bewusst gehen. Das möchte ich versuchen.«

Aber auch das ist noch nicht alles. Wie ist das, wenn ich auf einmal spüre, wie Gott selbst mitten in allen offenen Fragen etwas an mir tut, wie er etwas verwandelt in meinem Leben?

Das Geheimnis der Verwandlung

Anselm Grün spricht in seinem Buch »Verwandlung – eine vergessene Dimension geistlichen Lebens«[28] vom Geheimnis der Verwandlung. Da passiert etwas mit mir in der Nähe Gottes. Ich darf es an mir geschehen lassen. Die Erfahrung der eigenen Ohnmacht ist für Grün der Ort und die Voraussetzung für das Handeln Gottes.

> *»Da passiert etwas mit mir in der Nähe Gottes.*
> *Ich darf es an mir geschehen lassen.«*

Wenn ich Gott meine leeren Hände hinhalte, dann kann er sie füllen. Dann ist mein Leben – auch mein geistliches Leben – nicht meine

Leistung, die ich erbringe, sondern das Wirken Gottes an mir. »Nicht mein Tun wandelt mich, sondern Gott verwandelt mich, wenn ich mit meinem Tun an eine Grenze komme.«[29] Diese Grenze besteht aus den Umbrüchen und Krisen unseres Lebens. Es sind Dürrezeiten, die ich mir ganz sicher nicht wähle und froh bin, wenn ich sie gut überstehe. Aber es sind auch die Momente, in denen Gott noch einmal in besonderer Weise etwas an mir tut. Oft tut das weh, ist mit wirklich tiefen Schmerzen verbunden, mit Sterben und Loslassen. Aber Neues wird nur geboren, wenn Altes stirbt und losgelassen wird. Und doch liegt darin ein tiefes Geheimnis der Verwandlung. Das, was an mir geschieht, ist das Werk Gottes. In diesen Zeiten suche ich seine Nähe noch einmal besonders, aber es ist nicht meine geistliche Disziplin, die etwas schafft. Sie ermöglicht etwas, aber die Wandlung, die Verwandlung, erwächst aus dem Handeln Gottes. »Diese Sicht des Lebens relativiert unser Tun und unsere Anstrengungen. Was wir tun können, ist doch immer recht gering ... Es ist eine Sichtweise, die uns bei all unserem geistlichen Tun doch Gelassenheit und Sanftmut schenkt, die uns befreit von allem übertriebenen Eifern, die uns unser Vertrauen auf Gott setzen lässt, der mit oder ohne Zutun unser Leben in seiner Tiefe wandelt, durch Erfahrungen von Liebe und Freude, von Leid und Schmerz, von Gelingen und Misslingen, von Stärke und Schwäche, von Geburt und Sterben.«[30]

Diese Wandlung, die wir in unserem Leben erfahren, mündet am Ende in die letzte große Verwandlung unseres Lebens – der Moment, an dem Gott selbst einmal unseren Leib verwandelt. Der Apostel Paulus schreibt dazu: *»Wir dagegen haben schon jetzt ein Bürgerrecht im Himmel. Von dort her erwarten wir auch den Retter, den Herrn Jesus Christus! Er wird unseren armseligen Leib verwandeln, sodass er seinem eigenen Leib gleicht – dem Leib, der die Herrlichkeit Gottes sichtbar werden lässt«* (Philipper 3,20-21; BasisBibel).

Bis dahin bleiben manche Fragen, viele Wege. Und bis es so weit ist, brauche ich einen Ort, wo ich wirklich zu Hause bin. Darum geht es jetzt.

10. Wenn's bei Heimat klingelt – oder: Wo bin ich eigentlich zu Hause?

Wo bin ich zu Hause? Was gehört dazu, sich wirklich zu Hause zu fühlen? Und wie fühlt es sich an, wenn Heimat und zu Hause nicht mehr derselbe Ort sind?

»Nicht da ist man daheim, wo man seinen Wohnsitz hat, sondern wo man verstanden wird.«
(Christian Morgenstern)

»Na, bist du schon angekommen?«, fragte mich nach einigen Monaten am neuen Wohnort ein freundlicher älterer Bekannter beim Grillfest. »Die schwierigste Frage gleich am Anfang«, erwiderte ich spontan und erzählte ihm ein wenig von den ersten Monaten. Nein, angekommen war ich noch nicht. Aber irgendwie hatte ich doch das Gefühl: Es wird besser. Aber wo bin ich zu Hause? Und was gehört dazu, damit ich mich wirklich zu Hause fühlen kann? Heimat ist für mich ganz sicher Norddeutschland, die Nordseeküste, der plattdeutsche Strand. Hier liegen meine Wurzeln. Davon habe ich schon erzählt. Da meine Eltern selbst schon einige Male umgezogen sind, ist ihr zu Hause nicht mehr meine Heimat. Wir haben dort keine gemeinsamen Freunde. Und auch dort bin ich eigentlich nur »zu Besuch«. Trotzdem ist der Norden meine Heimat und in der Regel verstehe ich die Menschen dort auf Anhieb. Als wir vor einiger Zeit dort waren, habe ich mich aber schon auch gefragt: »Würde ich hierher wirklich zurückwollen?« Denn Heimat und zu Hause ist schon viele Jahre nicht mehr derselbe Ort.

In den ersten Jahren, nachdem ich weggezogen war, wollte ich unbedingt zurück. Ich habe eine Freundin, der geht es bis heute so. Ein bisschen wird das, was man zurückgelassen hat, immer auch glorifiziert. Doch bei Tageslicht und mit dem Abstand der Zeit betrachtet, erscheint es mir dann doch nicht mehr so großartig. Und ich habe gemerkt: »Nein, ich muss nicht unbedingt zurück. Mein zu Hause ist jetzt woanders.« Als Familie waren wir in Marburg zu Hause: Gemeinde, Freunde, Nachbarschaft. Aber auch der Bäcker, der Zahnarzt und viele andere. Sie alle waren uns vertraut. Wie fühlt sich das an, wenn man alles zurücklässt? Doch dann denke ich wieder an die Freundin, die von Hanoi nach Ewersbach gezogen ist. Oder die syrischen Flüchtlinge in der Nachbarschaft: Wie viele Veränderungen müssen sie verkraften? Was aber hilft mir dabei, noch einmal neu anzukommen?

Ein neues Zuhause

Wenn ich zu Vorträgen unterwegs bin, lerne ich viele Menschen, aber auch ihre Häuser und Wohnungen kennen. Spannend! Und damit meine ich nicht in erster Linie, wie schön und besonders die Möbel sind. Sondern vor allem, wie jede Wohnung etwas von den Menschen widerspiegelt, die dort leben. Auch wenn es manchmal nicht mein Geschmack ist, ist es immer interessant. »Es ist schön, dass ich seit einigen Jahren wirklich mein Zuhause habe«, meinte neulich eine Freundin zu mir, die gemeinsam mit einer anderen Frau ein kleines Haus gekauft und für ihre Bedürfnisse umgebaut hat. Ein eigenes Zuhause! Einen Ort der Geborgenheit schaffen, an dem man spürt: »Hier bin ich gern.« Nicht umsonst sprechen wir ja auch davon, dass wir uns ein eigenes »Nest« bauen. Und kein Wunder, dass es sich nicht gut anfühlt, es verlassen zu müssen. Es tut weh. Und je länger man an einem Ort war, desto schwerer fällt es. Aber jetzt ist es dran, etwas Neues aufzubauen. Komisch, in den ersten Wochen kam mir unser neues Zuhause vor wie eine Ferienwohnung mit eigenen Möbeln. In der Regel machen wir Urlaub in Ferienwohnungen. Immer wieder dachte ich: »Ich bin in den Bergen.« Die Menschen sagen »Grüß Gott« und ich bekomme keine Brötchen, sondern Weckle – das kann nur Urlaub sein! Aber zurück in der Wohnung stehen da auf einmal unsere Möbel. Und oft dachte ich auch: »Na, irgendwann ist das vorbei und du bist wieder zu Hause.«

»Die Menschen sagen ›Grüß Gott‹ und ich bekomme keine Brötchen, sondern Weckle – das kann nur Urlaub sein!«

Aber dem war nicht so. Unser altes Haus war verkauft, dorthin konnte ich nicht zurück. Manchmal wäre ich am liebsten auf und davon, wenn ich nur gewusst hätte, wohin! Ich musste mich also daran gewöhnen, eine andere Möglichkeit gab es nicht. Wenn ich am Wochenende unterwegs war und dann zurückfuhr, dachte ich oft: »Zurück fahre ich schon, aber nicht nach Hause!« Ehrlich, auf die Gefühle der ersten Tage und Wochen kann ich gut verzichten! »Du brauchst Zeit, das wird schon besser«, trösteten mich unsere Freunde. »Na, die haben gut reden«, dachte ich, »sie müssen ja nicht wechseln.«

Was mir in dieser Zeit vor allem geholfen hat, war, Menschen zu treffen, die mir auf Anhieb guttaten. So etwas kann man ja nicht machen, aber dankbar annehmen. Christian Morgenstern sagt es einmal so: »Nicht da ist man daheim, wo man seinen Wohnsitz hat, sondern wo man verstanden wird.« Andere verstehen und verstanden werden – das ist eins unserer Ur-Bedürfnisse. Nun trifft man solche Menschen in der Regel nicht scharenweise, aber die, die dazugehören, sind dann ein besonderes Geschenk. Andrerseits war ich auch enttäuscht, wie schnell sich andere Beziehungen verflüchtigten: »Was waren das für Beziehungen, wenn sie jetzt schon nicht mehr da sind?«, fragte ich mich. Entwertete ich hier nachträglich etwas, das gut war? Oder habe ich vielleicht auch nicht genügend dafür getan? Welche Beziehungen bleiben? Und welchen möchte ich noch mal besondere Pflege angedeihen lassen?

Ich hätte nie gedacht, dass ich einmal so dankbar für das Internet und seine Möglichkeiten sein würde. Statt Tagebuch zu schreiben, habe ich besonders zwei Freundinnen sehr regelmäßig geschrieben. Und dazu musste ich noch einmal neu lernen, von anderen nicht etwas zu erwarten, was sie nicht leisten können und wofür sie auch nicht zuständig sind. So ist die Frage »Wo bin ich zu Hause?« für mich auch zu einer geistlichen Frage geworden.

Der Platz ist vorbereitet

Mit besonderer Aufmerksamkeit lese ich in der Zeit die Worte, die Jesus seinen Jüngern zum Abschied gesagt hat: *»Lasst euch im Herzen keine Angst machen. Glaubt an Gott und glaubt an mich. Im Haus meines*

Vaters gibt es viele Wohnungen. Sonst hätte ich euch nicht versprochen: ›Ich gehe dorthin, um einen Platz für euch bereit zu machen‹« (Johannes 14,1-2; BasisBibel). Was bedeutet es, dass Jesus einen Platz für mich vorbereitet hat? Glaube ich das eigentlich? Und wie ist das, wenn ich bei ihm zu Hause bin?

In Momenten der Unsicherheit reichen keine platten Antworten. Da will ich es nicht nur wissen, da muss ich es wissen, damit ich weitergehen kann. Als Jesus seinen Jüngern sagt, dass sie ja schon wissen, wo er hingeht, fragt Thomas zurück (und ich bin dankbar für seine Frage): *»›Herr, wir wissen nicht, wo du hingehst. Wie können wir da den Weg wissen?‹ Jesus antwortete ihm: ›Ich selbst bin der Weg, die Wahrheit und das Leben. Es gibt keinen Weg, der zum Vater führt, als mich‹«* (Johannes 14,5-6; BasisBibel). Wieder einmal übernimmt Thomas eine Aufgabe für alle: Er fragt nach. Er nimmt es nicht einfach so hin. Er will es genau wissen. Und Jesus nimmt sich Zeit und erklärt: »Ich selbst bin der Weg, die Wahrheit und das Leben.«

Dass Jesus mit mir geht, dass er mich begleitet, erwarte ich doch oft erst dann, wenn ich es nötig habe. Und das hier ist jetzt so ein Moment. Wie manches Mal im Leben treffen äußere Fragen auf innere Prozesse: »Wo ist mein Platz?« Vertraue ich Jesus wirklich, dass er diesen Platz vorbereitet hat? Eine Heimat, die über dieses Leben hinausreicht. Einen Ort, an dem ich jetzt und heute lebe. Und dazu auch meinen Platz im Leben, der vorbereitet ist. – Silvester notiere ich in meinem Tagebuch: »Immer wieder lande ich gedanklich an dem Punkt: Mein Leben habe ich mir nicht ausgedacht! Und ich kann auch nicht selbst seinen Sinn stiften. Dass kann nur der Schöpfer und Erhalter meines Lebens. Jetzt, an dieser Wegkreuzung, möchte ich diese Fragen aber noch einmal neu zulassen, sie aushalten, auch wenn es wehtut. Und dann vor allem eines: anders weitergehen. Mit einem offenen, fragenden Herzen Gott gegenüber, meinem Nächsten, aber auch mir selbst gegenüber.« Das alles hat für mich mit der Wahrheit zu tun, von der Jesus in diesem Vers spricht. Die er selbst ist, der ich mich aber immer wieder auch stellen und an der ich mich reiben muss, wenn ich nicht stehen bleiben möchte. Und auch das habe ich noch einmal neu wahrgenommen: Diese besonderen »Ich bin«-Worte Jesu im Johannesevangelium stehen ja nicht für sich. Schon auf den ersten Seiten der Bibel nennt Gott sich selbst *»Ich bin der – ich bin da!«* (2. Mose 3,14). Es ist sein Lebenszuspruch, der mein Leben begründet.

Aber was heißt das für mein Ankommen?

Im Advent 2014, kurz vor unserem Umzug, hatte ich mich für Stille Tage auf dem Betberg angemeldet, einem Einkehrhaus in der Nähe von Freiburg. Schon in anderen Übergangszeiten hatte mir das geholfen und das erhoffte ich natürlich auch von diesen Tagen. Eigentlich verrückt: Zu Hause steht alles voller Kartons und ich fahre weg. Doch geplant ist geplant.

»Da machte sich auf auch Josef aus Galiläa …« – lautete das Thema des Wochenendes. Passender konnte es nicht sein! Auch wenn unser Aufbruch sicher deutlich einfacher und weniger überraschend ist. »Ob es mir gelingt, mich auf diese Tage einzulassen?«, fragte ich mich und war froh, dass es Schweigetage waren, denn ich hatte echt keine Lust, darüber zu reden. Der vertraute Ort tat mir gut, die Kirche, das kleine Zimmer, die Wege durch die Weinberge. Aber das Thema »Josef«? Ehrlich gesagt, hatte ich ihn immer eher etwas stiefmütterlich behandelt: schweigender Mann mit Nebenrolle. Aber ist dem wirklich so? Wie mutig war er? Was hat er alles riskiert? Wie viele überraschende Lebensführungen musste er verkraften und wie ist er damit umgegangen? Wie gehe ich damit um? Und was erzählt meine Lebensgeschichte über meinen tatsächlichen Halt im Leben?

Dann kam der Nikolaustag – Zeit für ein persönliches Gespräch. Es hat mir gutgetan, nichts zurückhalten zu müssen an Zweifeln, Fragen und Ängsten. Und wieder einmal war ich froh, dass es solche geschützten Räume gibt, in denen ich nicht so tun muss »als ob«. Manches konnte ich mit Pfarrer Wolfsberger besprechen. Einen Satz werde ich sicher nicht vergessen: »Wenn Sie jetzt wechseln, Frau Rösel, packen Sie eine große Rolle roten Teppich ein, den Sie immer wieder für die Menschen ausrollen. Sie werden es Ihnen danken.« Nun hat unser Haus nur Fliesen und Fertigfußboden, aber die Rolle roten Teppich zu besorgen, das habe ich mir für die neue Heimat vorgenommen.

Aktiv dazu beizutragen, wirklich anzukommen – anders wird es nicht gehen. In den ersten Wochen hat mich das überfordert. Vielleicht lag es einfach an meinem eigenen überhöhten Anspruch, meinem Lebenstempo. Jedenfalls habe ich gemerkt, dass ich Zeit brauche. Doch auch in diesen Unsicherheiten erlebe ich Menschen, die uns sehr freundlich begegnen. So einen netten Postboten hatten wir zum Beispiel noch nie: »Ich habe Ihr Auto gesehen, da bringe ich das Päckchen doch auf dem Rückweg noch schnell vorbei!« Nicht möglich! Und so viel selbst gebackenen Kuchen wie in den ersten Wochen hat uns noch nie jemand geschenkt. Doch dann, von einem auf den anderen Moment, hatte ich trotz all dem das Gefühl: »Das will ich nicht!« Es gab so etwas wie eine unsichtbare Schranke, die lautete: »Jetzt bin ich in Schwaben und das bleibt jetzt so. Mann, das will ich aber nicht!« Alle gesammelten Vorurteile meldeten sich zu Wort – und natürlich habe ich dafür auch im Alltag Beispiele gefunden. Wieder war es meine Freundin Doro, die mir an einer entscheidenden Stelle weitergeholfen hat: »Willst du es zulassen, dass deine Vor-Urteile sich zwischen dich und die Menschen schieben? Ist es das wert?« Zum ersten Mal habe ich das Wort in dieser Betonung wirklich wahrgenommen: *Vor*-Urteil! Ich hatte mein Urteil schon gefällt – und nichts und niemand hatte eine Chance.

»Zum ersten Mal habe ich das Wort in dieser Betonung wirklich wahrgenommen: Vor-Urteil!«

Was wäre es aber, wenn ich daran etwas verändere? Wenn ich mich einmal gespannt und neugierig auf das einlasse, was mir begegnet? Vielleicht überrascht mich Gott selbst. Christina Brudereck sagt es einmal so: »Du eröffnest neue Möglichkeiten, hilfst mir über die Schwelle, liebst mich nach Hause.«[31] Ich will es versuchen. Mache mich auf den Weg. Aber nicht nur das: Wieder werde ich auch getröstet und ermutigt durch die Geschichten von anderen – zwei besondere Umzüge.

Veränderung: Wieder müssen wir packen

»Haben Sie eine Ahnung davon, wie elend es sich anfühlt, alles zurücklassen zu müssen?« Nicht nur die hübsch eingerichtete Wohnung, in der die Kinder den prägendsten Teil ihrer Kindheit verbrachten. Sondern auch die Arbeitsstelle, die Spaß macht und in der ich mich zu Hause fühle. Vor allem aber Menschen, zu denen über die Jahre eine Vertrauensbeziehung entstanden ist. Diese Reihe ließe sich endlos fortsetzen. Plötzlich spüre ich, dass mir selbst die Straßen der Stadt oder die Bäume vor dem Fenster ans Herz gewachsen sind. Ich schätze das Vertraute und bin ein eher beständiger Mensch als ein waghalsiger. Ein Kopfsprung vom 3-Meter-Turm käme mir – nach schlechten Erfahrungen in der Kindheit – nie in den Sinn. Aber im Leben müssen wir manchmal springen – gefühlt sogar vom 5-Meter-Turm!

Was das für mich bedeutet? Gedanklich gehe ich sechs Jahre zurück: Zu der Zeit lebe ich mit meiner Familie in Aue im Erzgebirge. Es ist eine Stadt wie viele andere, aber wir fühlen uns dort wohl. Unser Sohn und unsere Tochter sind in der Vorpubertät. Sie haben den Schulwechsel ans Gymnasium gut verkraftet und freuen sich über viele Freunde. Unsere Tochter pflegt ausgefallene Hobbys. Wir sind als Familie Teil einer lebendigen Gemeinde. Für mich gibt es herausfordernde Aufgaben in der Frauenarbeit und ich blühe darin auf. Meine berufliche Situation passt haargenau, ich arbeite einige Stunden als Krankenschwester in einer Frauenarztpraxis. Zahlreiche positive Beziehungen sind im Laufe der Jahre gewachsen, besonders auch zu Menschen, für die der christliche Glaube eher fremd ist. Was mich wirklich sehr glücklich macht, ist, dass wir endlich ein lang aufgeschobenes Projekt realisiert haben: Die Decke im Wohnzimmer von 3,30 Meter auf 2,80 Meter abzuhängen. Nun ist alles fertig und das Zimmer ist in meinen Traumfarben orange-beige gestaltet. Ich denke: »So kann es bleiben, so kann es weitergehen.«

In dem Moment kommt ein Anruf, der alles auf den Kopf stellt: Eine neue Aufgabe für meinen Mann und ein möglicher Umzug 200 Kilometer weiter westlich nach Thüringen? Theoretisch gehören solche Anfragen dazu, wenn man mit einem Theologen verheiratet ist. Aber praktisch kommt unser stabiles Lebensgefüge schlagartig ins Wanken. Mein Mann und ich vereinbaren, drei Tage nicht darüber zu sprechen. In dieser Zeit versuchen wir jeder für sich zu klären, ob wir darin Gottes Weg für uns erkennen und bereit sind, ihn anzunehmen. Am dritten Tag sitzen wir auf der Couch in unserem neu renovierten Wohnzimmer, schauen uns an und nicken beide. Wir haben ein Ja dazu. Das ist die eine Seite. Auf der anderen Seite beginnen meine Gefühle ihr Eigenleben. Und das passt überhaupt nicht zu diesem Ja. In mir rumort es.

»Das hatte ich doch schon mal!« Meine Gedanken gehen elf Jahre zurück: Damals ziehen wir mit kleinen Kindern von Görlitz nach Aue, 200 Kilometer westlicher innerhalb Sachsens. In meinem Herzen tobt ein unglaublicher Schmerz, ein brennendes Verlustgefühl. Ich verliere: die Menschen und Beziehungen, meine Arbeitsstelle. Am neuen Ort angekommen, kämpfe ich dann auch mit dem Gefühl der Leere, des Nicht- verstanden-Werdens. Alles ist so fremd.

»Das hatte ich doch schon mal!« Ich sehe mich weitere fünf Jahre zurückversetzt. Wir ziehen als junges Paar von Dresden nach Görlitz, wo mein Mann seine erste Predigerstelle angenommen hat. Damals, als 25-Jährige, ging ich hoch motiviert, kündigte, ohne mit der Wimper zu zucken, meine Erfolg versprechende Stelle. Erst viel später fiel mir auf, dass meine Seele gar nicht hinterhergekommen war. Oft träumte ich, wieder an meiner geliebten Arbeitsstelle, der Frauenstation des Diakonissenkrankenhauses, zu sein: »Hier bin ich wieder ...«

Mit all diesen Erfahrungen im Lebensgepäck stellte sich jetzt die Frage: Was mache ich damit? Lähmen sie mich oder stärken sie mich? Doch mitten in diesem inneren Tauziehen ließ Gott ein stilles Vertrauen in meinem Herzen wachsen. Es wurde wie ein Anker, an dem ich mich festhalten konnte. Meine größte Entdeckung war die Beobachtung: Jeder Platz machte Sinn in unserer Gesamtlebensführung! Wenn wir die Berufung nach Görlitz nicht angenommen hätten, wären unsere Kinder nie unsere Kinder geworden. Wir durften sie dort kurz nach ihrer Geburt adoptieren. Wenn Gott uns also in der Vergangenheit genau zur richtigen Zeit an den richtigen Ort geschickt hat, wird er es auch in der Zukunft tun.

Diese grundsätzliche tiefe Überzeugung ersparte mir nicht den Abschiedsschmerz und die Unsicherheit, wie das Leben am neuen Ort aussehen wird. Ich hatte aus Fehlern gelernt. Ich wollte den Verlust nicht erst in Träumen abarbeiten. Deshalb begann ich, Dinge zu zelebrieren, sie bewusst zu erleben und mich innerlich zu verabschieden. Und Gott sorgte gut für mich durch Menschen, Texte und besondere Begebenheiten. Nie werde ich die Amsel vergessen, die mitten im Winter sang: Beim Spaziergang durch tiefen Schnee blieb ich wie angewurzelt stehen, als ich überraschend ihre Melodie hörte. Schlagartig formte sich die Gewissheit in meinem Herzen: »Gott hat dieselbe Kraft, die in der Amsel lebt, auch in mein Herz gelegt. Ich werde wieder singen.« Dieses Erlebnis tröstete mich zutiefst.

Tatsächlich haben wir viel Gutes erlebt: Zum Beispiel konnte unsere Tochter auf dem Gymnasium am neuen Wohnort ein künstlerisches Profil wählen. In Aue wäre das nicht möglich gewesen. Eines Tages beim Fensterputzen hatte ich das Gefühl, dass Gott zu mir sagt: »Zweifelst du immer noch an meinen guten Absichten?« Diese kleinen Zeichen gaben mir Mut und Zuversicht. Es öffneten sich ganz neue Türen für mich. In Schmalkalden lernte ich wunderbare Menschen kennen, kann Leben und Glauben mit ihnen teilen und von ihnen lernen. Ich erlebe aus nächster Nähe, wie Gott im Leben von Menschen behutsam handelt. Schon für diese Erfahrungen hat sich das Loslassen gelohnt. Auch im Bereich der Frauenarbeit und beruflichen Orientierung kamen Möglichkeiten hinzu.

Heute lebe ich dankbar und mit großem inneren Frieden genau hier. Ja, im ersten Moment sieht man nur, was man bei einem Umzug verliert. Und der spontane Impuls, der sich meldet, ist: festhalten! Was an Überraschungen und neuen Möglichkeiten am neuen Wohnort liegt, geht weit über den persönlichen Horizont hinaus. Das wusste ich theoretisch und habe es einmal mehr erlebt. Es ist nicht auszuschließen, dass der Tag kommt, an dem ich denke: »So kann es bleiben, so kann es weitergehen«, und wir trotzdem vielleicht wieder packen müssen. Dann werden Ängste und Hoffnungen wieder wild durcheinanderwirbeln. Aber auch mein Vertrauen in Gottes Führung wird da sein – um einige Erfahrungen reicher als noch vor sechs Jahren. Seitdem lautet einer meiner Schlüsselsätze: »Ich setzte den Fuß in die Luft – und sie trug.« (Hilde Domin)

Christina Ott, 48 Jahre, verheiratet, hat zwei erwachsene Kinder, arbeitet als Krankenschwester und Psychologische Beraterin und wohnt in Schmalkalden/Thüringen.

Veränderung: Unerreichbar – eine Mauer, die uns trennt

Ich wurde im September 1962 in Görlitz, in der damaligen DDR, geboren und meine Eltern lebten als Christen. So habe ich mich bewusst für die Konfirmation entschieden, bin nicht in die FDJ (Freie Deutsche Jugend) eingetreten und habe auch nicht an der Jugendweihe teilgenommen. Der Konfirmationsspruch, den unser Pfarrer ausgesucht hatte, sollte für mein weiteres Leben von großer Bedeutung sein: »Lobet den Herren, alle seine Werke, an allen Orten seiner Herrschaft« (Psalm 103,22). In unserer Gemeinde gab es eine lebendige »Junge Gemeinde«, die ich nach der Konfirmation sehr gerne besuchte. Im September 1979 begann ich eine kirchliche Ausbildung in Rothenburg/OL, da ich in keinem staatlichen Betrieb eine Lehrstelle bekam. Erst im Rückblick erkenne ich darin den Weg Gottes mit mir.

Es bestand eine inoffizielle Partnerschaft zwischen der Jungen Gemeinde Görlitz-Rauschwalde und der Evangelischen Jugend des Dekanats Lohr am Main. Jedes Jahr kurz nach Ostern fanden Treffen in Ostberlin statt. Im Frühjahr 1980 durfte ich als 17-Jährige das erste Mal mitfahren. Dort lernte ich viele interessante junge Leute kennen. Dazu gehörte auch Jürgen Klein aus Mittelsinn. Wir tauschten unsere

Adressen aus und so schrieb ich Jürgen mehrmals. Irgendwann kam eine Antwort und er wollte mich in Görlitz besuchen. Meine Eltern und ich beantragten für ihn das Visum und im September 1980 reiste er ein. Wir verbrachten eine schöne Zeit miteinander. Bereits sechs Wochen später kam Jürgen wieder nach Görlitz. Das ging sehr schnell, denn schon das Beantragen des Einreisevisums dauerte mindestens vier Wochen. Wir entwickelten Gefühle füreinander, was ich aber zunächst nicht wahrhaben wollte. Ich mochte Jürgen, das war alles – oder etwa doch nicht? Wir schrieben uns weiter und Jürgen besuchte mich mehrmals. Aber immer wieder hieß es Abschied nehmen. Wie sollte es weitergehen? Ich war hin- und hergerissen, weil meine Gefühle für Jürgen stärker wurden. Ein gemeinsames Leben würde allerdings bedeuten, meine Heimat zu verlassen – ohne Aussicht auf ein baldiges Wiedersehen meiner Familie.

Ich musste eine Entscheidung treffen – aber was war richtig? Oft lag ich im Bett, weinte und betete: »Gott, zeig mir doch, was ich tun soll!« Ich habe unzählige Gespräche mit meinen Freundinnen, Eltern und auch dem Pfarrer geführt: Was spricht dafür, was dagegen? Dazu kamen Zweifel, wenn Briefe verloren gingen. Würde unsere Liebe trotz der Schwierigkeiten, der langen Wartezeit und der Ungewissheit ausreichen? In dieser Zeit fiel mir mein Konfirmationsspruch wieder ein: »Lobet den Herren, alle seine Werke, an allen Orten seiner Herrschaft.« »... an allen Orten seiner Herrschaft« – konnte das nicht auch heißen, im Westen zu leben? Im Sommer 1982 entschied ich mich, mit Jürgen eine gemeinsame Zukunft zu planen. Wie genau, das wussten wir nicht. Aber es sollte auf legalem Weg sein – keine spektakuläre Flucht, kein Risiko! Unsere Verlobung feierten wir im September 1982 in Görlitz und damit wurde unsere Liebe öffentlich. Erst als Jürgen wieder zu Hause war, schickte ich den Antrag auf Eheschließung und damit der Ausreise aus der DDR ab.

Es folgten viele Gespräche beim MfS (Ministerium für Staatssicherheit). Mein Antrag auf Eheschließung wurde umgehend abgelehnt, schließlich wollte ich einen »Ausländer« heiraten. Ich fühlte mich hilflos, ausgeliefert und hatte große Angst. Vor diesen Gesprächen hatte ich immer wieder gebetet: »Herr, steh mir bei, lass mich die richtigen Worte finden.« Sie waren immer zu zweit, meistens sogar zu dritt, haben auf mich eingeredet, Fragen gestellt, Angebote gemacht oder aber auch gedroht. Heute weiß ich nicht mehr, wie ich das überstanden habe – vieles habe ich wohl auch verdrängt. Immer wenn ich nicht mehr weiterwusste, sagte ich nur: »Ich liebe Jürgen und wir möchten heiraten.« Auf Diskussionen, dass ich die DDR aus materiellen Gründen oder wegen der fehlenden Freiheit verlassen wollte, ließ ich mich nicht ein. Ich habe jede politische Äußerung unterlassen, denn die Gefahr war groß, wegen einer unbedachten Äußerung ins Gefängnis zu kommen.

Jürgen unterrichtete nach seiner Rückkehr aus Görlitz die bundesdeutschen Behörden davon, dass ich als seine Verlobte den Ausreiseantrag gestellt hatte. Er schrieb an das Ministerium für innerdeutsche Beziehungen, an den damaligen bayerischen Ministerpräsidenten Franz Josef Strauß, an das Bundeskanzleramt, an Bundeskanzler Kohl, an Bundespräsident Carstens und auch an andere Politiker. Immer wieder brachte er unser Anliegen zur Sprache und ließ in seinen Bemühungen nicht nach, meine Ausreise zu beschleunigen. Diese Zeit des Wartens und der Ungewissheit war schwer. Briefe kamen nicht immer an, auch das Telefonieren war schwierig, denn meine Eltern hatten kein Telefon.

Im Sommer 1983 reiste Franz Josef Strauß in die DDR und vermittelte einen Milliardenkredit. Wir waren uns sicher, dass er auch eine Liste mit Namen von Leuten im Gepäck hatte, die ausreisen wollten – beweisen konnten wir das jedoch nicht. Kurz vor Weihnachten wurde ich wieder einmal zum Rat der Stadt bestellt und erhielt den sogenannten »Laufzettel«. Anschließend musste ich von den verschiedenen Behörden wie Wohnungsverwaltung, Post, Sparkasse, Fernmeldeamt und vielen anderen Stempel und Unterschriften einholen und damit nachweisen, dass ich schuldenfrei war. Endlich tat sich etwas. Lange würde es nicht mehr dauern. Doch einen genauen Termin bekam ich natürlich nicht mitgeteilt. Silvester 1983 reiste Jürgen wieder ein, denn wir wollten den Übergang in das neue Jahr 1984 gemeinsam verbringen. Als die Zeit um war, brachte mich Jürgen nach Rothenburg – ich musste wieder arbeiten –, und er fuhr nach Hause.

Am nächsten Tag erhielt ich einen Anruf vom Rat der Stadt, Abteilung Inneres: Ich solle mein Arbeitsverhältnis beenden und am nächsten Morgen ins Rathaus kommen. Ich musste innerhalb von 24 Stunden das Land verlassen. Nun überschlugen sich die Ereignisse, denn ich musste vieles regeln: den Personalausweis abgeben, nach Zollvorschriften packen und vor allem Abschied nehmen – von meinen Eltern, meinen Schwestern und meiner Oma. Meine Eltern brachten mich zum Bahnhof. Jürgen hatte ich vorher ein Telegramm geschickt und über meine Ausreise informiert.

Die Zugfahrt verlief ohne besondere Vorkommnisse. An der Grenze in Gerstungen patrouillierte die schwer bewaffnete Grenzpolizei mit scharfen Hunden. Die Passkontrolle verlief ohne Probleme, aber es erfolgte keine Zollkontrolle – das konnte ich kaum fassen! Ich hatte fürchterliche Angst, dass der Zug auf ein Abstellgleis geschoben und ich nie im Westen ankommen würde! Schließlich erreichten wir den Bahnhof Bebra. Nun löste sich die Erstarrung. Hier musste ich aussteigen. Schnell, schnell alle Koffer und Taschen packen und dann nichts wie raus! Dann stand ich ganz alleine auf dem Bahnsteig. Hatte Jürgen mein Telegramm nicht erhalten? Wo war er? Auf einmal kam er mit einem Strauß roter Rosen mitten im Januar auf mich zu. Wir fielen uns in die Arme und ich weinte vor Glück und Erleichterung! Nun begann mein neues Leben im Westen! Das war die größte Veränderung, die ich bisher erlebt hatte.

Wir heirateten im Juni 1984, aber keiner aus meiner Familie durfte zur Hochzeit einreisen. Meine Mutter habe ich nie wiedergesehen! Sie ist etwa ein Jahr nach meiner Ausreise gestorben. Das war für mich unglaublich schmerzlich. Gemeinsam mit Jürgen baute ich nun mein neues Leben auf. Wir bekamen drei Töchter, an denen wir uns sehr freuen. Als im November 1989 die Mauer fiel, waren wir alle überglücklich und dankbar, denn so konnte ich wieder mein Leben mit meiner Familie teilen.

Im Frühjahr 2010 erkrankte mein Mann und im Dezember 2011 erhielten wir die Diagnose: Jürgen litt an »ALS«, einer seltenen, unheilbaren Nervenmuskelerkrankung. Im Oktober 2013 starb er überraschend. Eigentlich hatten wir gehofft, noch einige Zeit gemeinsam erleben zu können. Dies war wieder eine große Veränderung, die es galt, mit Gottes Hilfe zu meistern. Ich bin dankbar für die Zeit, die wir gemeinsam erleben durften, und möchte voller Zuversicht nach vorne schauen, denn ich bin sicher, dass Gott in allem und trotz allem viel Gutes für mich bereithält.

Martina Klein ist 53 Jahre und wohnt in Lohr am Main. Sie ist Mitarbeiterin im Ev. Lutherischen Dekanat und hat drei Töchter.

11.
Wir lieben Geschichten vom Wandel und Neuanfang – vorausgesetzt, es bleiben Geschichten!

Heute nehme ich Menschen und Situationen achtsamer wahr. Viel mehr als früher frage ich mich, was diese Veränderungen wohl für sie bedeuten. Wie viel Anpassungsleistung dazugehört und wie dankbar man sein kann, wenn sie gelingt!

> *»Wir werden nicht aus dem Netz der Sicherheiten geworfen, damit wir abstürzen, sondern damit wir das Fliegen lernen.«*
> *(Martin Schleske)*

Mit 50 noch einmal neu anfangen? »Toll«, meinte eine Freundin, »das habe ich mir immer gewünscht!« Sie hat zeit ihres Lebens in einem Radius von 100 Kilometern gewohnt. Spannend? Ja, für andere kann ich das auch so sehen, aber für mich? Ich liebe Biografien. Gerne lese ich davon, was andere erlebt haben, fiebere mit, hoffe und bange, dass es am Ende doch gut ausgeht. Und vielleicht wünsche ich mir dann auch selbst Abenteuer oder wenigstens Herausforderungen. Im gemütlichen Wohnzimmer, sofasitzend bei einer Tasse Tee, scheinen Abenteuer durchaus machbar und das eine oder andere würde ich auch gerne selbst erleben. Aber wehe, wenn es ernst wird! Auch Veränderungsgeschichten von Freundinnen und Freunden nehme ich doch gerne aufmerksam wahr. Und von außen betrachtet, sieht vieles auch gar nicht so schwierig aus. Doch wenn es mich selbst betrifft – das ist etwas anderes! So habe ich in den letzten Monaten wirklich eine Menge gelernt, was ohne diese Veränderungsprozesse wohl nicht der Fall gewesen wäre.

Ich nehme Menschen und Situationen heute achtsamer wahr. Viel mehr als früher frage ich mich, was das wohl für sie bedeutet. Wie viel Anpassungsleistung dazugehört. Für wie viele Menschen »Veränderung« ein Thema ist und wie dankbar man sein kann, wenn es gelingt. Aber auch wie viele Nöte es bereitet, noch einmal neu anzufangen: für Familien, für Singles, für junge und alte Menschen. Intensivere Gedanken darüber mache ich mir wohl meistens dann, wenn es mich selbst betrifft, wenn ich es schon einmal erlebt habe: Was bedeutet es, wenn eine Familie umzieht? Dann muss ich nicht nur für mich selbst schauen, sondern zunächst für meine Kinder, damit auch jeder seinen neuen Platz findet. Andererseits bin ich durch Kinder an neuen Orten ganz automatisch auch wieder schnell vernetzt: im Kindergarten, der Schule, dem Sportverein, der Jungschar. So meinte eine Kollegin, als ich ihr erzählte, dass ich noch nicht ganz angekommen bin: »Aber ihr habt es gut, ihr seid schon mal zu zweit! Wenn du alleine lebst, musst du dich auch alleine orientieren.« Veränderungen zu erfahren ist also ein sehr vielschichtiges Unterfangen. Und nach meinen eigenen Erfahrungen in den letzten zwei Jahren werde ich in Zukunft nicht mehr so einfach dahinsagen: »Das klappt schon! So schwer kann es doch nicht sein!«

Jetzt weiß ich: Es geht nicht von allein, sondern fordert Menschen heraus.

»Unser Lebensweg ist vermutlich immer beides – anvertraut und zugemutet.«

Wenn ich an unsere Veränderungsprozesse in den letzten Monaten denke, wird mir noch einmal deutlich: Unser Lebensweg ist vermutlich immer beides – anvertraut und zugemutet. Und es ist unser ganz persönlicher Weg, der für andere nicht passen muss, aber für uns. Anvertraut, das heißt für mich auch, dass es uns zugetraut wird. Zunächst ganz sicher von Menschen, die dazu beigetragen haben, dass wir jetzt hier sind. Aber ich glaube auch, dass Gott selbst uns einen Weg anvertraut und ihn uns damit auch zutraut. Zutrauen bedeutet gleichzeitig aber auch, dass er zugemutet wird. Darin zeigen sich für mich auch die Schwierigkeiten, die ebenfalls darin stecken. Man macht es nicht einfach »mit links«, es kostet Kraft und fordert uns einiges ab. Aber dann ist da trotzdem dieses Zutrauen. Und wer weiß, welche Wege daraus noch entstehen! Ein Bild, das mich beim Nachdenken über diese Frage sehr ermutigt hat, habe ich bei Martin Schleske gefunden: »Wir werden nicht aus dem Netz der Sicherheiten geworfen, damit wir abstürzen, sondern damit wir das Fliegen lernen!«[32] An dieser Stelle jetzt eine letzte Veränderungsgeschichte, in der es wirklich um »anvertraut und zugemutet« geht:

Veränderung: Wenn Träume platzen

Ich liebe Kinder. Schon von klein auf habe ich mich mit Kindern beschäftigt. Später habe ich Grundschulpädagogik studiert und wurde Grundschullehrerin. Mir war klar, dass wenn ich heiraten würde, ich auf jeden Fall eigene Kinder möchte – und am besten gleich viele! Als mein Mann und ich dann einige Jahre nach unserer Heirat immer noch kinderlos waren, bekamen wir die Diagnose, dass wir nie eigene Kinder bekommen könnten. Nach dem ersten Schock und der Welle von Trauer und Wut, die uns erfasste, begann uns die Endgültigkeit dieses geplatzten Traumes und Lebenskonzeptes einzuholen. Wir arbeiteten damals beide als Lehrer an Missionsschulen, der »Grace Academy« und der »CDSC« in Chiang Mai, Thailand. In einer Kultur, wo man bei fast jeder Begegnung gefragt wird, ob und wie viele Kinder man hat, war es jedes Mal beschämend, antworten zu müssen, dass wir keine hätten. Alle möglichen Ratschläge mussten wir uns anhören, was wir entgegen der eindeutigen Diagnose der Ärzte tun konnten, damit ich doch noch schwanger werden würde. Die Gemeinde, zu der wir gehörten, betete und fastete für uns und war wie wir entmutigt und frustriert, dass Gott kein Wunder für uns tat.

Wenn Freunde uns voller Freude mitteilten, dass sie ein Kind erwarteten, brach ich in Tränen aus. Es kostete mich viel Kraft und Selbstbeherrschung, nach einer Entbindung einen neuen Erdenbürger und seine Eltern im Krankenhaus zu besuchen. Wenn ich wieder zu Hause war, flossen die Tränen und ich war neidisch. Bei unseren amerikanischen Kollegen war es üblich, vor der Geburt sogenannte »Babyshowers« zu feiern: Jeder brachte Babyartikel und Ratschläge mit. Für mich war es manchmal unmöglich hinzugehen. Ich bemerkte, dass die Sehnsucht nach eigenen Kindern mich innerlich aufzufressen drohte, und so versuchte ich mich dadurch zu schützen, dass ich Situationen wie die Babyshowers vermied und Mauern um mein Herz herum errichtete. Aber es half nicht. Erstens konnte ich mein Umfeld nicht ständig kontrollieren, denn schon der Anblick eines Kinderwagens auf der Straße genügte, um den Schmerz auszulösen. Und zweitens bemerkten ich und andere, dass ich anfing zu verbittern und die Quelle der Liebe, die Gott in mich hineingelegt hatte, sich in einen Sumpf zu verwandeln drohte.

Ein erster wichtiger Schritt aus diesem Sumpf heraus war für mich, dass ich anfing, mit meiner Verzweiflung, meiner Wut und meinem Schmerz zu Gott zu gehen. Ihm alles zu sagen, was in mir war und ist. In seiner Gegenwart durfte ich mich trösten und lieben lassen und mir wurde klar, dass ich eigene Strategien zur Bewältigung dieser veränderten Lebenssituation fallen lassen und mir von Gott helfen lassen musste. Ganz liebevoll machte er mir deutlich, dass der geplatzte Traum nach eigenen Kindern nicht bedeutete, dass dieser Bereich meines Herzens, der dafür reserviert war, sinnlos brachliegen würde. Wenn ich ihm erlauben würde, die Mauern, die ich um mein Herz herum aufgebaut hatte, abzutragen, könnte der Strom der Liebe zu anderen fließen und das versumpfte Feld zu blühen beginnen.

Im Gespräch und im Ringen mit Gott habe ich langsam ein Ja gefunden zu meinem und unserem Weg, den wir selbst so nicht gewählt hätten. Bis heute erfordert er immer wieder die Entscheidung, loszulassen und zu vertrauen. Und noch immer heißt das nicht, dass der Schmerz damit ganz verschwindet. Aber ich kann fast 20 Jahre nach der Diagnose staunend davon erzählen, dass Gott mich reich beschenkt hat, wo ich bereit war, seine Liebe durch mich fließen zu lassen.

Seit einigen Jahren leben und arbeiten wir wieder in Deutschland, in der Nähe von Stuttgart. Vor drei Jahren haben wir begonnen, regelmäßig Flüchtlinge in einem Flüchtlingsheim in der Nähe zu besuchen. Immer mittwochs gehe ich los, um mit den Kindern dort zu spielen, zu basteln, ihnen zuzuhören, bei den Hausaufgaben zu helfen, sie bei Arztbesuchen zu begleiten oder sie auch einfach mal in den Arm zu nehmen. Ihre Eltern können ihnen oft nicht das geben, was sie brauchen, weil sie selbst traumatisiert sind. Oder auch durch die Ungewissheit bezüglich dessen, was noch kommen wird, wie gelähmt sind. Ein Mädchen sagte mir einmal: »Auf unserer Flucht wurden wir oft wie Schweine behandelt.« Ich selbst habe gehört, wie die Flüchtlingskinder hier bei uns in Deutschland als Kakerlaken beschimpft wurden. So versuchen wir, sie etwas anderes erleben zu lassen, indem wir ihnen Zeit, Aufmerksamkeit und Liebe schenken. Wir möchten ihnen zeigen, dass sie wertvoll und wichtig sind und dass es einen Gott gibt, der sie lieb hat.

Als ich in den Sommerferien mit den Kindern einen Ausflug ins Freibad machte, kam mir plötzlich der Gedanke: »Wenn ich jetzt eigene Kinder hätte, wäre ich wahrscheinlich mit ihnen hier und hätte gar keine Zeit und Ressourcen für diese Flüchtlingskinder!« Ein muslimischer Mann, der uns längere Zeit beobachtete, fragte meinen Mann: »Warum kommt ihr zu uns und tut das, was ihr tut? Wir sind nicht eure Verwandten und ihr bekommt auch kein Geld dafür!« Mein Mann antwortete ihm: »Gottes Liebe ist so groß, wir können sie unmöglich für uns behalten!« Ich bin Gott sehr dankbar, dass er in unseren Herzen etwas verändert hat, damit durch diesen Veränderungsprozess hindurch etwas sichtbar wird von seinem Wesen. Und dass seine Liebe dahin fließt, wo Mangel ist.

Andrea Brickey, ist 46 Jahre alt, verheiratet mit Mark und wohnt in Ditzingen bei Stuttgart.

12.
Wer aufräumt, schafft Platz für Neues: Was passiert eigentlich in der Beratung?

Ein Gastkapitel von Kirsten Pritschow, Wertecoach und Supervisorin

Wozu ein Gastbeitrag einer Supervisorin in solch einem persönlichen Buch? Vermutlich haben Sie es beim Lesen schon bemerkt: Ein Schlüssel für meine eigenen Veränderungsprozesse liegt für mich in Gesprächen mit einer Mentorin oder einem Berater. Manche Wege hätte ich ganz sicher nicht unter die Füße genommen ohne diesen Anstoß von außen. Und ohne es selbst richtig zu bemerken, ist dies zu einem selbstverständlichen und ganz wesentlichen Teil meines Lebens geworden. Das war und ist nicht immer leicht, im Gegenteil: Bei einigen Gesprächen habe ich Rotz und Wasser geheult. Aber auf die Erleichterung, die ich dadurch erlebt habe, will ich auf keinen Fall verzichten. Als mich eine Freundin darauf hinwies, dass viele Menschen aus ganz unterschiedlichen Gründen den Schritt in eine Beratung nicht gehen, weil es ihnen einfach zu schwerfiele, dachte ich: »Wie schade!« Und: »Gibt es vielleicht eine Chance, diesen Zugang ein wenig zu erleichtern, es einmal auszuprobieren und sich in einem geschützten Rahmen diesen Fragen zu stellen?«

Darum habe ich Kirsten Pritschow, Wertecoach und Supervisorin, gebeten, für dieses Kapitel etwas aus ihrer Perspektive zum Thema »Veränderung und Veränderungsprozesse« zu schreiben. Sie erzählt von ihren Erfahrungen aus der Beratung und bietet damit auch Ihnen, liebe Leserin oder lieber Leser, die Möglichkeit, Ihr eigenes Veränderungsprofil zu entdecken:

Beratung – wozu eigentlich?

Irgendwie gehört die bewusste Auseinandersetzung mit Veränderungen zu meinem Lebensweg. Seit 25 Jahren begleite ich Menschen und Organisationen in den unterschiedlichen Phasen von Veränderungsprozessen. Aber auch in meinem eigenen Leben musste ich mich seit frühester Kindheit mit kleinen und großen, mit schönen und schweren Herausforderungen auseinandersetzen. Bis heute bin ich dankbar, dass ich neben dieser Lebensschule auch einen professionellen Ausbildungsweg genossen habe, der mir eine neue Perspektive im Umgang mit Veränderungen ermöglicht. Ein besonders spannender Moment in der Begleitung von Menschen war die Entdeckung, dass jeder im Laufe seines Lebens sein eigenes Veränderungsprofil entwickelt. Es ist sozusagen ein ganz persönlicher Stil, in Veränderungsprozessen zu handeln, zu denken und auch zu fühlen.

»Im Laufe des Lebens entwickelt jeder sein eigenes Veränderungsprofil – einen ganz persönlichen Stil, in Veränderungsprozessen zu handeln, zu denken und auch zu fühlen.«

Das können wertvolle Muster sein, die uns helfen, das Leben zu bewältigen, aber auch Gewohnheiten, die zu Stolpersteinen werden. Wir verändern nichts, obwohl wir uns Veränderung wünschen. Wir treffen keine Entscheidungen, obwohl Entscheidungen getroffen werden müssen. Wir verlieren uns in Selbstkritik, anstatt weiter vorwärtszugehen. Das sind häufig Zeitpunkte, wo Menschen sich aufmachen und Beratung – oder besser gesagt: reflektierende Begleitung – suchen. Es sind die Momente, in denen wir mit unseren drehenden Gedanken nicht mehr weiterkommen und der Leidensdruck steigt.

Kennen Sie Ihre Muster und Gewohnheiten, wenn Veränderungen anstehen? Vielleicht haben Sie beim Lesen der Veränderungsgeschichten in diesem Buch ja auch über Ihre eigenen Veränderungen, Ihr typisches Veränderungsverhalten nachgedacht. In diesem Kapitel möchte ich Sie mit hineinnehmen in meine Coaching- und Supervisionsarbeit. Vielleicht haben Sie Lust, den einen oder anderen Impuls aufzunehmen und Fragen für sich zu beantworten, um Ihre eigene Veränderungsgeschichte und Ihr eigenes Veränderungsprofil besser zu verstehen.

Herausforderungen angehen

So unterschiedlich der Umgang mit Veränderungen ist, so verschieden sind die Anliegen, mit denen Menschen in die Beratung kommen. Sie suchen nach Unterstützung für wichtige Entscheidungen oder nach Denk- und Handlungsalternativen im Umgang mit gewollten, aber auch mit plötzlichen und oft nicht beabsichtigten Weichenstellungen in ihrem Leben. Es gibt Ereignisse, die alles verändern und dazu führen, dass Menschen verunsichert sind oder nicht mehr weiterwissen. Es können aber auch positive und freudige Aspekte sein, die Menschen veranlassen, das reflektierende Gespräch zu suchen, beispielsweise wenn sie sich zwischen zwei interessanten beruflichen Angeboten entscheiden müssen, aber zu keiner Entscheidung finden. Mögliche Themen sind:

- ⇨ Meine Kinder waren mein Leben: Was mache ich, wenn alle aus dem Haus sind?
- ⇨ Ich will mich mehr in der Gemeinde einbringen: Welches ehrenamtliche Engagement passt zu mir, ohne dass ich mich verzettele?
- ⇨ Plötzlich alleinerziehend: Wie organisiere ich jetzt mein Leben in den vielen Anforderungen?
- ⇨ Welche Schritte sollten wir als Ehepaar gehen, damit die Liebe bleibt (oder wiederkommt)?
- ⇨ Ist die angebotene Führungsaufgabe für mich das Richtige und will ich diese neue Verantwortung überhaupt?
- ⇨ Wie und wo möchte ich im Alter leben und wie gestalte ich den Übergang?

Welche Frage bewegt Sie zum Thema »Veränderung«? Durch die vielen Facetten der jeweiligen Umstände und die ganz individuellen Auseinandersetzungen im Umgang mit Veränderungen gibt es in der Begleitung von Menschen keine Standards oder einfachen Lösungsvorschläge. Vielmehr geht es um den achtsamen und ganz persönlichen Umgang mit der inneren Gedanken- und Gefühlswelt sowie den äußeren Umständen. Natürlich ist es wichtig für Betroffene, in Veränderungsprozessen mit dem Lebenspartner oder Freunden zu sprechen. Das gehört zu unserem wichtigen sozialen Leben. Leider sind aber oft genau diese Personen, von denen wir uns im Gespräch Verständnis wünschen, Teil der Veränderungsherausforderungen. Darum besteht die Gefahr, dass es zu schnell zu Ratschlägen kommt, zu Verletzungen oder zu einer konfliktreichen Auseinandersetzung, die wiederum zu einer zusätzlichen Belastung für alle Beteiligten wird. So kommt es anstatt zu Lösungen zu weiteren Herausforderungen.

Liebevolle und professionelle Begleitung im Coaching und in der Supervision bietet dem Ratsuchenden in einem geschützten Rahmen die Möglichkeit

- ⇨ sich Zeit zu nehmen, um gehört zu werden.
- ⇨ einfach sein zu dürfen, um neue Perspektiven zu gewinnen.
- ⇨ realisierbare Möglichkeiten für sich selbst zu entdecken, um neue und passende Lösungswege zu finden.

Wie laufen Veränderungsprozesse ab?

So einzigartig und individuell, wie jede Person Veränderungen auch erlebt und bewältigt, kann man im Verlauf von Veränderungsprozessen doch bestimmte Grundprinzipien und Phasen beobachten, die allgemeingültig sind. Das gilt für eine spontane Veränderungsdynamik genauso wie für längerfristig angelegte Veränderungen.

An zwei unterschiedlichen Beispielen möchte ich Sie in diese Veränderungsdynamik mit hineinnehmen: Im Beispiel A geht es um Anna und um einen gebuchten Zug zu einem wichtigen Termin in Hamburg, der unerwartet ausfällt. Die gesamte Verlaufsdynamik hat Anna in 30 Minuten durchlebt. In Beispiel B geht es um Bernd und um eine berufliche Entscheidung: Die Firma, bei der er arbeitet, wechselt den Standort von Freiburg nach Stuttgart. Bei ihm dauerte der Prozess rund drei Monate. Hier nun der Verlauf von Annas und Bernds Geschichten:

Die jeweilige Ausgangssituation

A) Anna ist auf dem Weg zum Zug.

B) Bernd wohnt und arbeitet in Freiburg.

1. Information zur Veränderung: Schock

A) Anna steht auf dem Bahnsteig. Es kommt die Durchsage, dass der Zug ausfällt.

B) Während einer Betriebsversammlung erfahren die Mitarbeiter, dass das Unternehmen in eine andere Stadt umsiedeln wird.

2. Erste Reaktion: Chaos der Gefühle

A) »Das kann doch nicht wahr sein!«, denkt Anna. »Wieso gerade dieser Zug? Ich muss zu meinem Termin!« – Ärger, Wut, Fassungslosigkeit.

B) »Das kann doch nicht wahr sein!«, sagt Bernd. »Ich will nicht in eine andere Stadt!« – Ängste, Sorgen.

3. Widerwillen, aber Akzeptanz

In beiden Beispielen schlagen die Gefühle Purzelbäume, aber klar ist auch: Keiner der beiden hat keinen Einfluss auf das Ereignis. Weder Anna noch Bernd können es ändern. Vom Kopf her wird die Situation jetzt akzeptiert.

4. Einsicht – auch emotional

A) Sieben Minuten sind vergangen. Anna hat sich nun beruhigt, der Zug kommt nicht mehr, sie wird später zum Termin kommen.

B) Die Firma wird umziehen und Bernd hat nach einem Monat endlich die Ruhe gefunden, konkreter zu überlegen, ob er nach Stuttgart umzieht oder sich eine neue Arbeit sucht.

5. Lösungsideen: Probieren, lernen, anwenden

A) Anna denkt jetzt klarer. Lösungsorientiert geht sie zum Informationsschalter: Alternative Züge, vielleicht ein Mietwagen oder ein Bus werden gesucht. Der Mietwagen ist zu teuer. Sie wartet auf den nächsten Zug, informiert ihre Kollegen in Hamburg.

B) Bernd macht sich ein konkreteres Bild von den Möglichkeiten, die für ihn infrage kommen. Er schaut nach neuen Stellen im Internet und wägt weiterhin ab, welche Vorteile der Wechsel nach Stuttgart haben könnte. Er ist aktiv. Selbst als er schon einige Absagen auf Bewerbungen erhalten hat, bleibt er dran.

6. Eine neue Ebene der Erkenntnis ist erreicht: Wachstum

A) Anna nimmt sich vor, das nächste Mal mehr Zeitpuffer einzuplanen und sich der Gesundheit zuliebe nicht mehr so aufzuregen. Sie übt sich in Gelassenheit.

B) Bernd hat letztendlich eine neue Arbeit in Freiburg gefunden. Der ganze Stress hatte ihn sehr belastet, doch jetzt muss er feststellen, dass es ihm in der neuen Firma sogar besser geht. Er selber hätte sich ohne Krise nicht bewegt.

7. Normalität auf höherem Niveau und mit mehr Kompetenz

A) Anna fährt bei wirklich wichtigen Terminen jetzt einen Zug früher.

B) Bernd geht seitdem selbstbewusster durchs Leben. Er hat durch die Krisenbewältigung neuen Schwung erhalten und stellt sich mutiger den Anforderungen des neuen Arbeitsplatzes.

Konnten Sie die Parallelen im Verlauf erkennen? Richard K. Streich beschreibt in sieben Phasen den emotionalen Verlauf bei (unerwarteten) Veränderungen:[33]

Phase 1: Schock, Überraschung
Phase 2: Verneinung, Ablehnung
Phase 3: Rationale Einsicht
Phase 4: Emotionale Akzeptanz
Phase 5: Ausprobieren, Lernen
Phase 6: Erkenntnis
Phase 7: Integration

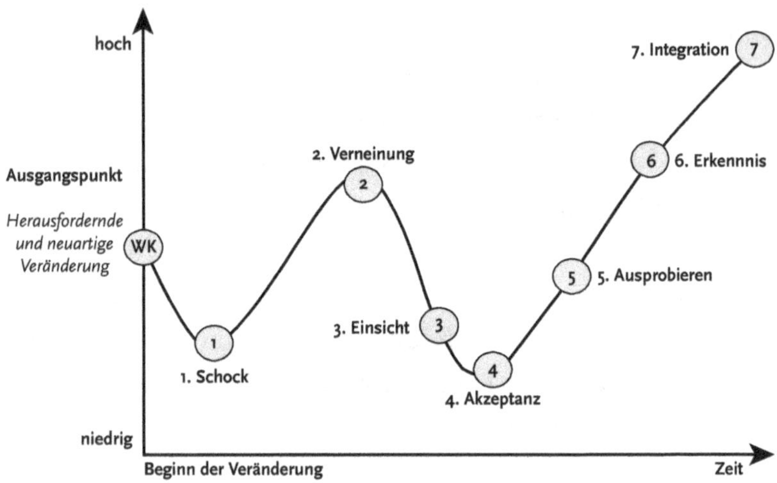

Warum ich diese Grafik so hilfreich finde? Zunächst geht es darum zu verstehen, wie wir Menschen überhaupt ticken. Viele Projekte und Vorhaben scheitern schon ganz früh – nämlich in der zweiten Phase – an unseren Widerständen. Oder die Menschen haben den Eindruck, in der Veränderungsdynamik, in den Wellen der Gefühle und Lernfelder zu ertrinken. Ein Beraterkollege macht Burn-out-Coaching am Meer. Er verwendet genau diese Symbolik, weil wir in den kritischen Momenten – wenn wir drohen, in die Weite des Meers getrieben zu werden – den Fehler machen, gegen die Wellen anzukämpfen und direkt auf das Land zuzuschwimmen, von dem wir gerade weggetrieben werden. Aber genau dabei gehen uns dann die Kräfte aus. Als professioneller Surfer und Rettungsschwimmer wendet er eine andere Technik an: Es ist besser, sich ein Stück weit mit der Strömung treiben zu lassen und dann seitlich aus der Strömung zu schwimmen. Oft dauert es nicht sehr lange, bis die Strömung nachlässt, und mit einem größeren Bogen gelangt man sicher an den Strand zurück.

Wenn Sie sich die oben abgebildete Grafik anschauen – was löst sie in Ihnen aus:

- ⇨ Finden Sie sich in einem der Beispiele wieder?
- ⇨ Welche Phase im Verlauf ist Ihnen besonders vertraut?
- ⇨ An welchem Punkt wurden Sie herausgefordert, erlebten Widerstände oder waren mit Ihren Kräften am Ende?
- ⇨ Welche Taktiken haben Sie bisher angewendet, um Veränderungen zu bewältigen?

Das Modell beschreibt einen verallgemeinerten Veränderungsverlauf. Im richtigen Leben verhält sich jeder ganz individuell und unterschiedlich innerhalb der einzelnen Phasen. Kämpfertypen brauchen Gegenwind, um richtig in Schwung zu kommen. Für andere ist schon leichter Gegenwind ein Zeichen dafür, »dass es nicht sein soll!«. Was für den einen schon riesigen Stress bedeutet, ist für den anderen erst der richtige Kick, um in Gang zu kommen.

»Was für den einen schon riesigen Stress bedeutet,
ist für den anderen erst der richtige Kick, um in Gang zu kommen.«

Da hat jede und jeder so seine Besonderheiten und Gewohnheiten. Werden Sie beispielsweise nervös, hektisch oder ziehen sich zurück, wenn Veränderungen anstehen? Geben Sie eher anderen die Schuld für Ihre Situation und attackieren Sie Ihr Gegenüber oder erstarren Sie in Hilflosigkeit? Oder schauen Sie neidisch auf andere, anstatt sich selbst auf den Weg zu machen?

⇨ Kennen Sie Ihre typischen Muster und Mechanismen?
⇨ Wenn ich einen nahestehenden Menschen in Ihrem Umfeld fragen würde, was würde dieser mir über Ihr »Management« in Sachen Veränderungen erzählen?
⇨ Wann fallen Ihnen Veränderungsschritte leichter, wann schwerer?

Veränderungstypen: Den roten Faden meines Lebens entdecken

Mit diesen Fragen sind Sie schon mitten in der Auseinandersetzung: »Was bin ich eigentlich für ein Veränderungstyp?« Aber: Gibt es tatsächlich so etwas wie einen »roten Faden« oder eine innere Regieanweisung, ein Drehbuch sozusagen, nach dem sich jeder von uns richtet, ohne dass wir es bewusst merken? Ja, so etwas gibt es tatsächlich. Jeder von uns hat in seinem Leben eine einzigartige Veränderungsdynamik auf Basis seiner persönlichen Lebensgeschichte und im Umgang mit Veränderungen entworfen und entwickelt. Und entsprechend entwickeln wir sie auch weiter – immer auf der Basis unserer ursprünglichen Wurzeln.

Haben Sie Lust, weiter auf Entdeckungsreise zu gehen und herauszufinden, auf welche Weise Ihre Lebensgeschichte für Ihr Veränderungsverhalten Bedeutung hat? Dann lade ich Sie ein, dem nachzuspüren und in sich hineinzuhören. Und vielleicht haben Sie sogar die Zeit, den einen oder anderen Gedanken aufzuschreiben.

Veränderungen: Geplant oder ungeplant, gewollt oder nicht

Grundsätzlich macht es natürlich einen Unterschied in der Auseinandersetzung, ob es um geplante oder um unerwartete Veränderungen geht, ob es äußere Umstände sind, die es zu ändern gilt, oder ob es um Persönlichkeitsaspekte und Eigenschaften geht, an denen jemand arbeiten möchte. Die Art und Weise der Bewältigung von Veränderungen wird auch davon geprägt, ob es gewollte oder ungewollte Wegweisungen sind. Eine ersehnte und lang vorausgeplante dreimonatige Auszeit macht einfach mehr Spaß zu organisieren als eine Knieoperation, die schon länger vorauszusehen war, aber eher verdrängt wurde. Bei schwierigen und unangenehmen Herausforderungen entscheidet es sich oft an der Frage: Wie groß muss der Schmerz sein, dass endlich etwas passiert? Und Schmerz kann hier körperlicher, aber eben auch seelischer Schmerz sein.

Manche Menschen lieben es spontan und stoßen auch gerne selber Veränderungen an. Andere wünschen sich dauerhafte Routinen und vermeiden oder hassen sogar Veränderungen. Ein wiederkehrendes Phänomen in der Beratung ist auch die Unterschiedlichkeit von Frauen und Männern in diesen Prozessen. Ich erlebe eine Tendenz, dass sich Frauen öfter Veränderungen wünschen, ihre Männer aber weniger. Gleichzeitig fällt es Frauen häufig schwerer, Entscheidungen zu treffen. Oft wollen sie vor allem darüber reden, wie Veränderungen aussehen könnten. Wenn Männer sich auf ein Beratungsgespräch einlassen, suchen sie in der Regel eine praktische Lösung: »Wenn das so ist, dann machen wir doch gleich Nägel mit Köpfen!« Wie gesagt, darin zeigt sich eine Tendenz – kein pauschales Verhalten. In jedem Fall geht es bei diesen Reaktionsmustern nicht um eine Bewertung von richtig und falsch. Vielmehr darum, in der Unterschiedlichkeit unserer Persönlichkeiten und Lebensgeschichten die eigene Reaktion zu verstehen, aber auch die Bedürfnisse des anderen wahrzunehmen, um wertschätzend damit umzugehen. Das ist eine wesentliche Voraussetzung für gemeinsame Veränderungsprozesse.

Das Lebenskonzept – oder: Meine unerhörte Geschichte verstehen

Wenn Sie als Kind schon viel umgezogen sind und immer wieder neue aufregende und schöne Dinge dadurch erlebt haben, ist für Sie Umzug im Alter von 50 Jahren unter Umständen normal und vielleicht freuen Sie sogar darauf. Dagegen ist es für einen Menschen im gleichen Alter tendenziell schwerer, einen Berufswechsel und Ortswechsel zu verkraften, wenn man jahrzehntelang im gewohnten Umfeld gelebt hat. Ein solches Beispiel für den unterschiedlichen Umgang mit einem Ortswechsel ist für jeden leicht nachvollziehbar. Wie sieht es aber mit anderen Lebensbereichen aus? Kann es wirklich sein, dass etwas, das vielleicht Jahrzehnte zurückliegt, bis heute Einfluss nimmt auf mein Veränderungsverhalten?

»Kann es wirklich sein, dass etwas, das vielleicht Jahrzehnte zurückliegt, bis heute Einfluss nimmt auf mein Veränderungsverhalten?«

Diese Frage wird im Konzept des Lebensskripts der Transaktionsanalyse eindeutig mit Ja beantwortet. Manche Erlebnis- und Verhaltensmuster, die in unserer Kindheit entstanden sind, kennzeichnen unser Leben bis heute. Wie sieht das aus?

Dazu möchte ich Sie im Folgenden in zwei Erlebnisse aus meiner Beratungspraxis mitnehmen. Natürlich sind die Personen und Ereignisse frei erfunden, gleichzeitig sind es wirkliche Alltagsbeispiele, die so oder so ähnlich immer wieder vorkommen:

Fallbeispiel 1

Frau S. kam zur Supervision. Mit ihren 52 Jahren war sie vor einigen Monaten angefragt worden, ob sie zum Ende des Jahres die Gesamtleitung einer sozialen Einrichtung mit 24 Mitarbeitern übernehmen würde. Sie fühlte sich sehr geehrt, diese Position zu übernehmen, war aber auch unsicher, ob sie das wirklich schaffen würde. Letztendlich freute sie sich auf die neue Aufgabe und sagte zu. Doch ihre anfängliche Begeisterung hatte sich im Laufe der Zeit in Frust gewandelt. Der jetzige Leiter, Herr M., der altersbedingt zum Jahresende ausscheiden würde, verweigerte jegliche Kooperation. Sie hatte den Eindruck, dass er bei ihren Nachfragen Sorge hatte, sich zu sehr »in die Karten schauen zu lassen«. Ihre Versuche, zu einer guten Zusammenarbeit in der Übergangsphase zu finden, waren gescheitert und sie bekam kaum Informationen. Weil Frau S. dadurch das Gefühl hatte, sich nicht gut auf ihre neue Aufgabe vorbereiten zu können, suchte sie Unterstützung durch Supervision.

In unseren ersten drei Sitzungen ging es um die Entwicklung ihrer Leitungskompetenz und um Klarheit bezüglich ihres Führungsstils. Vor allem aber wollte sie neue, konstruktive Ideen entwickeln, wie die Zusammenarbeit mit Herrn M. verbessert werden könnte. Doch in den Wochen zwischen unseren Gesprächen wurde es nicht besser – im Gegenteil: Egal, was wir besprochen hatten, sie verhakte sich mehr und mehr in der Enttäuschung, von Herrn M. so behandelt zu werden, obwohl sie es doch gut meinte. Mittlerweile beschäftigte sie sich Tag und Nacht mit diesem Konflikt und in ihr stieg immer mehr Wut auf. Auch aus anderen Geschichten ihres Lebens, die sie nebenbei erzählte, konnte ich ihr spiegeln, dass sie immer wieder erlebt hatte, ungerecht behandelt worden zu sein. Es wurden Wiederholungen für Frau S. erkennbar, die sie aus früheren Arbeitssituationen und auch aus der Familie kannte.

Diese Wiederholungen in der Lebensgeschichte werden auch als Zirkularitäten bezeichnet. So mühsam sich dieses ausweglose Drehen für die Betroffenen anfühlt, so ist es doch gleichzeitig ein wertvoller Hinweis, genau an diesen Stellen einen Moment länger hinzuschauen. Es beinhaltet die Chance, die wertvollen, aber auch schwierigen Wurzeln der Vergangenheit zu entdecken.

⇨ Welche Gedanken kennen Sie von sich in solchen Zirkularitäten?
⇨ Welche Sätze bestimmen Sie in kritischen Momenten, wo Sie sich überfordert, alleingelassen oder ungerecht behandelt fühlen?
⇨ Wo kommt es zu Konflikten, obwohl Sie aus Ihrer Sicht alles versucht haben, es richtig zu machen?

Aus der Entwicklungspsychologie wissen wir, dass uns die ersten Lebensjahre entscheidend prägen: Ob wir uns geliebt wissen oder Ablehnung erfahren haben. Wie wir mit Konflikten umgehen oder mit Veränderungen. Hierzu ein weiteres Beispiel.

Fallbeispiel 2
Herr K. erzählte in der zweiten Coachingsitzung von der tragischen frühen Erkrankung seines Vaters. Als Ältester von drei Geschwistern übernahm er mit neun Jahren viel Verantwortung, auch um seine Mutter zu entlasten. Er bemühte sich in allem, ihr keine zusätzlichen Sorgen zu machen. Über die Krankheit des Vaters wurde wenig gesprochen, schließlich war er aus Sicht der Eltern noch zu jung. Ein Jahr später verstarb der Vater. Er war in dieser Zeit mit seinen nunmehr zehn Jahren schon richtig erwachsen geworden. Er hatte viel gelernt und für sich »Überlebensmuster« entwickelt. Er wurde der Starke, der Kämpfer, der nie viel redete.

Wie ein roter Faden zogen sich diese Erfahrungen durch seine Lebensgeschichte. Überall, wo er auftauchte, wurde ihm schnell viel Verantwortung übertragen. Und er kämpfte sich immer durch. Er funktionierte beruflich, war viel auf Dienstreisen, wenig zu Hause. In der Familie mit den Kindern ging es irgendwie. Heute, mit 54 Jahren, hat er massive Beziehungsprobleme mit seiner Frau. In seiner Führungsposition war er ständig am Limit. Ihm wurde von seinem Vorgesetzten ein Coachingprozess empfohlen, weil er mehr und mehr Probleme mit Mitarbeitern und Kollegen hatte.

Wir alle nehmen die Muster der Kindheit mit in die Gegenwart. Das ist uns aber meistens nicht bewusst. Die Verpackung sieht vordergründig anders aus, sodass wir das Verborgene nicht gleich entdecken können. Darum ist wertschätzende Reflexion so wichtig. Im Ursprung geht es um folgendes Problem: Was ein 9-Jähriger als überlebenswichtige Strategie entwickelt hat, passt nicht unbedingt noch zu dem 54-jährigen Manager und Ehemann. Aber genau das wendet er als Erwachsener bis heute an: Funktionieren, viel Verantwortung übernehmen, nicht viel reden, ein starker Manager sein!

Diese »unerhörte Geschichte« – die bisher nicht gehört und gleichzeitig auch so unerhört im Sinne von unglaublich wirksam ist – bekommt in Krisen, häufig im Alter zwischen 45 und 55 Jahren, eine besondere Bedeutung: Wenn der Körper nicht mehr so funktioniert, wie man sich das wünscht; wenn Beziehungen zerbrechen oder Krankheiten auftauchen. Oder später, wenn wir im Ruhestand auf einmal mehr Zeit miteinander verbringen – dann klopft sie immer lauter an: unsere persönliche »unerhörte Geschichte«.

»Irgendwann klopft sie immer lauter an: unsere persönliche ›unerhörte Geschichte‹.«

Gehen wir noch einmal zurück zu Frau S. in den Supervisionsprozess, in die aktuelle Verstrickung ihres beruflichen Veränderungsprozesses: Anstatt sich auf die neue Gesamtleitungsfunktion zu freuen und zu konzentrieren, verbrauchte sie ihre Lebenskraft für den Konflikt mit Herrn M. Wie ein Magnet zog diese Thematik ihre ganze Energie und Aufmerksamkeit an. Sie wurde gequält von den Gefühlen, ungerecht behandelt zu werden, obwohl sie sich doch so angestrengt hatte. Sie kam an den Punkt, das »Projekt Gesamtleitung« absagen zu wollen.

In meiner Wahrnehmung war Frau S. in ihrer feinen Art und mit ihrer Kompetenz genau die Richtige für diese Aufgabe der Gesamtleitung, aber sie hatte sich in ihrem Harmoniebedürfnis und dem Gefühl von Ungerechtigkeit verloren. Die konfliktreiche Beziehungsgestaltung mit Herrn M. überforderte sie täglich mehr. Darin wurde auch deutlich: Wenn sie dafür keine Lösung finden würde, würde sie auch zukünftig in ähnlichen Konflikten an ihre Grenzen stoßen, selbst wenn Herr M. längst nicht mehr da ist. Die Chance und zentrale Botschaft: Um was geht es wirklich in der Situation? Geht es um den Konflikt mit Herrn M. oder lautet die Botschaft nicht vielmehr: Darf da noch etwas aus der Vergangenheit heil werden? Ist Herrn M. nur ein Beispiel, ein sogenannter Kristallisationspunkt, wo Verletzungen, ungute Wurzeln in der Lebensgeschichte von Frau S. noch einmal deutlich werden?

Im Museum alter Gefühle

In den vielen Jahren, in denen ich Menschen gerade auch in diesen krisenhaften Momenten begleite, erlebe ich Gottes liebevolles Wirken besonders stark als Chance für Entwicklungen. Während die Betroffenen selbst verständlicherweise eher den Blick der Verzweiflung in sich tragen, ist für mich in der Außensicht schon Jesus erkennbar, der seine Hand ausstreckt, um im Innersten zu berühren und Heilung zu schenken. Heilung bedeutet für mich dabei mehr als körperlich heil werden. Als Menschen brauchen wir Resonanz und wir sind Beziehungsgestalter, darum ist Heilung aus meiner Perspektive eine wirkliche Beziehungskategorie. Heilung heißt für mich, den Heiland gefunden zu haben und damit heil zu werden in der Beziehung zu ihm, zu mir selbst und damit auch zu anderen.

Im vierten Gespräch mit Frau S. kamen wir durch die Wut, die sie auf Herrn M. hatte, an die entscheidenden Punkte: Sie erzählte von den Enttäuschungen und Verletzungen, die sich wiederholten und die sie in ihrer Familie schon früher erlebt hatte. Mehr und mehr Altes tauchte auf und kam immer stärker ins Bewusstsein. Als Zweite von drei Geschwistern hatte sie erlebt, nie ernst genommen worden zu sein. Ihr wurden Informationen vorenthalten und als unerwartet die Aufnahme eines Pflegekindes die ganze Familienstruktur veränderte, war das für sie als Kind ein Schock, mit dem sie jahrelang zu kämpfen hatte. Natürlich war ihr schon lange klar, dass diese Erfahrungen der empfundenen Ablehnung und dem Gefühl, keinen richtigen Platz in der Familie zu haben, Einfluss auf ihr weiteres Leben genommen hatten. Aber ihr war nicht klar gewesen, wie in der aktuellen beruflichen Situation ihre »unerhörte Geschichte« ihren Umgang mit dem bevorstehenden Führungswechsel beeinflusst hatte. Ihr wurde deutlich, dass sich die Verletzungen der Kindheit und Jugend in der Beziehungsgestaltung mit Herrn M. wiederfanden. Ihr Denken und Handeln in der gesamten Situation war geprägt von ihrer subjektiven Sicht der Dinge, ihrer selbst geschaffenen Realität durch ihre Erfahrungen. Sie wurde bestimmt aus dem Museum ihrer Gefühle, aber nicht mehr aus der realen Arbeitssituation.

Diese Erkenntnis war zunächst erschreckend für sie, doch es zeigte sich im nächsten Moment die Möglichkeit, andere Verhaltensweisen im Umgang mit Herrn M. zu entwickeln. Als Erstes löste sie sich aus der emotionalen Abhängigkeit zu Herrn M. und legte ihre subjektive Brille der Ablehnung ab – für sie als Ritual am Kreuz Christi. Jesus rückte mit seinen Versöhnungsangeboten in den Mittelpunkt. Dabei wurde eines immer deutlicher: Das Verhalten von Herrn M. hatte nämlich nicht wirklich etwas mit ihr zu tun, sondern wiederum mit seiner eigenen unerhörten, noch ungelösten Geschichte. Daraus entstanden für Frau S. neue Gedanken, Einstellungen und Handlungsschritte, aber vor allem eine veränderte Perspektive auf Basis ihres Glaubens – mit einem neuen Bewusstsein zur Gesamtsituation und für ihre zukünftige Position, die sie nun doch freudig annahm.

Herr K. aus dem zweiten Beispiel war übrigens beeindruckt von den Wahrnehmungen und Erkenntnissen in den zwei Coachingeinheiten. Er konnte sich mehr verstehen, fand die Zusammenhänge logisch, hatte erste Lösungsansätze. Gleichzeitig war sein Antreiber, zu kämpfen und (alleine) stark zu sein, so dominant, dass er nach den zwei Sitzungen mitteilte, alleine weiterzukommen, und den geplanten Coachingprozess von rund sieben Gesprächen abbrach.

Ein halbes Jahr später traf ich seine Frau in einer Veranstaltung. In einem stillen Moment teilte sie mir mit, dass sich zu Hause nichts verbessert hätte. Im Gegenteil. Durch den zunehmenden Stress auf der Arbeit war die Stimmung am Boden. Ihr Mann war nun noch mehr an seiner Arbeitsstelle und zu Hause igelte er sich immer mehr ein. Sie dachte ernsthaft darüber nach, sich von ihm zu trennen.

Das ist das Problem, wenn wir versuchen, mit unseren alten Mustern Veränderungen anzustoßen (in diesem Beispiel: »Sei stark!« und »Das schaffe ich schon alleine«): Wenn wir nicht wirklich neue Wege durchgängig entwickeln, greifen schnell die bekannten Mechanismen und wir landen in unseren alten Lebensgewohnheiten. Gibt es eine Möglichkeit, daran etwas zu ändern?

Nur wer aufräumt, schafft Platz für Neues

Kennen Sie die Entlastung, wenn der Kleiderschrank mal wieder ausgemistet wurde oder der Keller aufgeräumt ist? Erstaunlich, was da alles zutage kommt und weggeschmissen werden kann. Erst wenn wieder Platz geschaffen wurde, ist Raum für Neues. Genauso ist es in unserem Leben auch. Manchmal müssen wir uns von lieb gewordenen Mustern verabschieden, um Freiräume für neue Gedanken und Handlungsalternativen zu schaffen. Herr K. hatte seinen Keller sinnbildlich zwar kurzfristig aufgeräumt, aber nicht ausgemistet. Er wollte sich nicht wirklich von den alten Dingen trennen. Erstaunlich, wie wir Menschen unterwegs sind. Obwohl wir genau spüren, dass uns etwas nicht guttut, halten wir daran fest. Die Gewohnheit liegt uns eben näher als das unbekannte Neue.

Wie können solche Veränderungsprozesse gelingen? Wie können Menschen ihren eigenen Mustern auf die Spur kommen und auch die Kraft finden, sich von ihnen zu verabschieden? Der Weg dorthin ist sicher unterschiedlich, setzt aber in jedem Fall eine Bereitschaft voraus, sich auch von vertrauten Gedanken zu trennen. Das kann im Einzelgespräch passieren, daneben erlebe ich auch Gruppenerfahrungen als hilfreich. Im Seminar »Veränderungen bewusst gestalten« habe ich vor einiger Zeit mit einer Gruppe folgende Erfahrung gemacht: Am zweiten Tag ging es um Familienleitsätze, die uns geprägt haben. Bei der Frage, welche Sätze sie in ihrer Familie immer wieder gehört haben, meldete sich Martha spontan zu Wort: »Nimm dich nicht zu wichtig, dränge dich nicht in den Vordergrund – Bescheidenheit ist eine Zier!« Außerdem gab es in der Schulzeit die klare Ansage: »Erst die Arbeit, dann das Vergnügen.« Wir alle spürten, wie sehr ihr diese Sätze heute zu schaffen machten, die sie schon mit der Muttermilch aufgesogen hatte. Und durch die Gespräche in der Gruppe merkten wir schnell, dass jeder solche Prägungen hat. Da gab es Parallelen, dann aber auch wieder totale Unterschiede. Was für den einen ein Tabuthema war, war für den anderen richtig und wichtig.

In jedem Fall liegt eine Möglichkeit darin, sein Veränderungsprofil zu verstehen, indem man sich seine inneren Werte und Glaubenssätze einmal sichtbar macht. Häufig gehören diese Sätze zu uns und wir tragen sie seit unserer Kindheit mit uns – angefeuert durch Vorbilder, das Verhalten in der Familie, durch formulierte Leitlinien und auch durch Regeln, die einfach dazugehörten, ohne dass sie ausdrücklich genannt wurden.

- ⇨ Welche Familienleitsätze haben Sie immer gehört?
- ⇨ Was haben Ihre Eltern oder Großeltern Ihnen auf den Lebensweg mitgegeben?
- ⇨ Welche Leitgedanken haben Sie positiv beeinflusst, welche erleben Sie bis heute als Herausforderung, als Druck oder Stress?

Ohne Frage bergen die oben genannten Leitgedanken, die Martha immer gehört hat, auch wertvolle Ansätze. Doch was hatte sich für Martha aus diesen Apellen der Vergangenheit bis heute entwickelt? Als Frau von mittlerweile 47 Jahren war sie eine fleißige Pflegekraft und wollte vor allem eines: nie auffallen. Bei den Patienten kam sie sehr gut an. Sie konnte sich leicht auf die Bedürfnisse der Hilfesuchenden einstellen. Im Team war sie eine angenehme Kollegin und übernahm ganz selbstverständlich im Notfall Schichten für die anderen. Doch als Krankenschwester in der ambulanten Pflege fühlte sie sich zunehmend ohnmächtig im Kontakt mit den Angehörigen der Patienten. Das war auch der Grund, warum sie sich zum Seminar angemeldet hatte. Sie wollte etwas ändern. Sie war im Dauerstress: Allen wollte sie es recht machen, dem Patienten, den Angehörigen, dem Pflegedienst – aber sie konnte es nicht allen recht machen. Es gab Konflikte, die ihr den Schlaf raubten. Sie engagierte sich voll und ganz, ging beispielsweise abends noch einkaufen und besorgte Pflegeprodukte für die Patienten, anstatt diese Notwendigkeit den Angehörigen mitzuteilen. Das Verhalten und die Ignoranz mancher Familienmitglieder der Patienten empfand sie unverschämt – völlig entgegen ihrem eigenen Naturell und ihren inneren Werten.

Im Seminar entdeckte Martha im Austausch mit den anderen die Bedeutung und Wert ihrer Glaubenssätze und Werte. Es wurde aber auch deutlich, welches Konfliktpotenzial darin liegt. Durch ihre Familienwerte war sie eine fleißige und gute Mitarbeiterin geworden; andererseits vermied sie deswegen Konflikte, nahm sich nicht so wichtig und stellte ihre Fähigkeiten nicht ins rechte Licht. Der Mut, sich gegenüber den Angehörigen zu positionieren, fehlte. So etwas hatte sie nie geübt oder vorgelebt bekommen. Für Martha war die Zeit gekommen aufzuräumen. Sie entschied sich in der nächsten Seminareinheit, bestimmte Werte bewusst wertzuschätzen, aber auch sich von alten (Gedanken-)Bindungen zu lösen. So definierte sie neue – ja, auch biblische Glaubenssätze für ihr Leben. Einer davon hieß: »Ich brauche mich nicht zu verstecken – ich darf leuchten für den Herrn!« Diesen Satz formulierte sie in Anlehnung an den Satz aus der Bergpredigt: *»Auch zündet niemand eine Lampe an und stellt sie dann unter ein Gefäß. Im Gegenteil: Man stellt sie auf den Lampenständer, damit sie allen im Haus Licht gibt. So soll auch euer Licht vor den Menschen leuchten: Sie sollen eure guten Werke sehen und euren Vater im Himmel preisen«* (Matthäus 5,15-16; NGÜ). Mit dieser neuen Perspektive und inneren Haltung entwickelte sie einen neuen Umgang mit den Angehörigen. Sie erwartete jetzt nicht mehr einfach etwas von ihnen, sondern suchte das konstruktive Gespräch. Die Inhalte der Gespräche wurden noch klärend im Seminar besprochen. Sie brauchte diese Anregungen, weil es für sie ungewohnt war, solche Auseinandersetzungen zu führen. Martha ging ermutigt und mit Rüstzeug im Gepäck zurück in ihren Alltag.

Veränderung bedeutet eine neue Chance

Leben heißt: sich zu verändern. Veränderung bedeutet eine neue Chance, mein Leben zu gestalten, und das in ganz unterschiedlichen Situationen und Herausforderungen. Egal, ob der Kinderwunsch ausgeblieben ist oder ich nach vielen Jahren zurück aus der Mission komme, mein Mann durch seinen Beruf den nächsten Wohnort bestimmt oder ich eine neue Arbeitsstelle antrete. Wir kommen nicht darum herum, uns den Veränderungsprozessen des Lebens zu stellen – jeder auf seine ganz persönliche Art und Weise. Darin liegt aber auch die Chance, in der eigenen Veränderungskompetenz zu wachsen.

»Vieles schaffen wir ganz natürlich. Für anderes jedoch brauchen wir Mut, Zeit und Reflexion, um den richtigen Weg zu finden.«

Vieles schaffen wir ganz natürlich, wir machen es eben einfach, und manches gelingt uns aus der Lebensroutine heraus. Für anderes jedoch brauchen wir Mut, Zeit und Reflexion, um den richtigen Weg zu finden. Damit geben wir unserer Seele die Chance hinterherzukommen. Supervision heißt für mich, Menschen zu begleiten, besser mit sich, den Wünschen und Bedürfnissen, den Anliegen und Zielsetzungen in Kontakt zu kommen. Supervision steht im lateinischen für »Über-Blick«. Überblick im Sinn einer anderen, hilfreichen und lösungsorientieren Perspektive vor allem dort, wo sich Menschen vielleicht gerade festgefahren haben. Paulo Coelho sagte einmal: »Der Mensch will immer, dass alles anders wird, und gleichzeitig will er, dass alles beim Alten bleibt.« Diese Spannung bleibt, in dieser Spannung leben wir.

Trotzdem möchte ich mich auf einen Weg machen und andere Menschen auf ihren Wegen unterstützen. Ein Bibelvers, der mich dazu ermutigt, steht im Neuen Testament: *»Denn was wir sind, ist Gottes Werk; er hat uns durch Jesus Christus dazu geschaffen, das zu tun, was gut und richtig ist. Gott hat alles, was wir tun sollen, vorbereitet; an uns ist es nun, das Vorbereitete auszuführen«* (Epheser 2,10; NGÜ).

Kirsten Pritschow
Betriebs- und Führungspädagogin
Coach & Supervisorin (IHK & EASC)
Lehrsupervisorin
0176 43030330
www.kirstenpritschow.de
info@kirstenpritschow.de

Zum Schluss: »Heute ist dein Tag – und jetzt ist die Zeit zu beginnen!«

Neues
nicht mehr
spannend
Geschenk
Zumutung
erhofft
befürchtet

wagen

na los
du schaffst das
trau dich
erster Schritt

»Hier beginnt die Zukunft!« Klingt nach einem Werbeslogan. Ist es auch! Kurz vor der Ausfahrt zu unserem neuen Wohnort steht am Rand der B 27 ein Schild mit diesen Worten: »Hier beginnt die Zukunft! Neckaralbkreis.« Ich erinnere mich noch gut daran, wie ich es am Umzugstag gelesen habe. Alleine in meinem Auto bin ich dem Umzugslaster vorausgefahren. Dann dieses Schild – wie passend! »Hier beginnt die Zukunft!« Ja, das tut sie! Aber kann ich es auch zulassen? Vermutlich gilt das nicht nur für Ortswechsel, sondern für ganz unterschiedliche Veränderungen. Irgendwann komme ich an einen Punkt, da entscheidet es sich: Lasse ich mich darauf ein? Damit ist noch nicht alles geschafft, ganz sicher nicht. Aber ein erster und wichtiger Schritt ist getan.

Hätte ich vorher gewusst, welche Umbrüche und Veränderungen mich in meinem Leben erwarten – vielleicht wäre ich ihnen ausgewichen. Veränderungen bedeuten immer wieder, mich zu verabschieden: von Orten, Menschen, Plänen und Lebensvorstellungen, Erwartungen anderer und meinen eigenen Vorstellungen. Veränderung bedeutet aber auch, dass sich Leben vertieft, dass Freundschaft trägt und dass ich Gottvertrauen erlebe. In manchen Spannungen und in allen Schmerzen, die das bereitet, liegt darin dennoch auch ein tiefes Glück, das ich erfahre. Und vielleicht erlebe ich in diesen Phasen noch einmal besonders, was mich und mein Leben ausmacht.

Richtig fertig ist man mit dem Thema wohl nie. Irgendwann in der Schreibendphase dieses Buches telefonierte ich mit einer Freundin und meinte: »Ich habe das Gefühl, dass es immer und immer noch mehr Gedanken und Ideen zum Thema Veränderung gibt. Wie kann ich damit umgehen?« Sie lachte am anderen Ende der Leitung und sagte nur: »Ist doch kein Wunder – wie soll es denn bei Veränderungen anders sein!«

Es geht also weiter – für Sie und für mich. Mit kleineren Veränderungen oder größeren Einschnitten. Mit gewählten oder auch ganz plötzlichen Herausforderungen. Was ich mir für Sie und mich wünsche, sind kleine, aber tapfere Schritte. Und wenn Sie möchten, schicken Sie mir doch Ihre ganz persönliche Veränderungsgeschichte. Ich liebe ehrliche Geschichten. Sie haben mich schon so oft in meinem Leben ermutigt.

Nachwort

Jetzt ist es Zeit, Dankeschön zu sagen: Ich danke dir, Christoph, für deine Liebe und dein Zutrauen, vor allem aber für unser gemeinsames Leben. Du bist wirklich mein großes Glück. Danke an Simon, Anne und Tobias – wie viel habe ich von euch gelernt und tue es bis heute. Danke für eure Liebe und unser Miteinander. Vielen Dank an Doro – deine Ermutigung kam immer zum richtigen Zeitpunkt. Danke an dich, Vreni, für jeden Stups in die richtige Richtung. Dass Gott dich mir als Begleiterin zur Seite gestellt hat – damit meint er es sehr gut mit mir!

Danke an euch elf Frauen für eure persönliche Veränderungsgeschichte. Auf diese Weise ist das Buch vielstimmig geworden. Darüber freue ich mich sehr! Vielen Dank auch an dich, Kirsten, für klärende Gedanken zum Start dieses Buches und für deinen fachlichen Veränderungsbeitrag. Danke an den Verlag SCM Hänssler und an Uta Müller für das Vertrauen, ein gemeinsames Projekt zu wagen.

Vor allem danke ich meinem himmlischen Vater, dass er mir mein Leben geschenkt hat. Ich bin sehr gespannt, was noch auf mich wartet.

Vorträge – Seminare – Beratung

Christiane Rösel
Diplom- und Gemeinde-Pädagogin
Vogelsangstraße 39
72141 Walddorfhäslach
07127 9600115
info@christianeroesel.de

Angebote im Überblick:

- ⇨ Vorträge
- ⇨ Seminare
- ⇨ Workshops
- ⇨ Bibliolog

Aktuelle Termine und weitere Infos finden Sie hier:
www.christianeroesel.de

Anhang

1 Prof. Dr. Henning Freund. In: Ideenheft »Jahr der Dankbarkeit«. Witten: SCM Bundes-Verlag, 2015, S. 62.

2 Johanna Müller-Ebert. »Vier Schritte führen zum Ziel«. Psychologie Heute. Oktober 2014, S. 25–27.

3 Jörg Berger. Lebensziel Berufung. Marburg: Francke-Verlag, 2006, S. 23-24.

4 Erik H. Erikson. Identität und Lebenszyklus. Berlin: Suhrkamp Verlag AG, 1973.

5 a. a.O. S. 63

6 Hanna-Barbara Gerl-Falkovitz. »Was gibt dem Leben Sinn?«. Psychotherapie & Seelsorge. 3/2006, S. 39.

7 Ute Eberle. »GEO Wissen«. »Die Lebensmitte. Die wechselhaften Jahre«. Hamburg: G + W Wissen GmbH, 2012, S. 44.

8 a. a.O. S. 50

9 Anselm Grün. Lebensmitte als geistliche Aufgabe. 12. Auflage. Münsterschwarzbach/Abtei: Vier-Türme-Verlag, 1998.

10 Bernd Sprenger. Die Illusion der perfekten Kontrolle. München: Kösel-Verlag, 2009, S. 168-169.

11 a. a.O. S. 169/170

12 Tomas Sjödin. Warum Ruhe unsere Rettung ist. Witten: SCM R. Brockhaus, 2016.

13 a. a.O. S. 11-12

14 a. a.O. S. 9

15 Dietrich Bonhoeffer. Widerstand und Ergebung. Gütersloh: Gütersloher Verlagshaus, in der Verlagsgruppe Random House GmbH, 1998.

16 Eberhard Bethge. Dietrich Bonhoeffer – Eine Biographie. München: Christian Kaiser Verlag, 1978, S. 734-735.

17 Christina Brudereck. Liebe und lass dich lieben. SCM Collection, 2014.

18 Thomas Härry. Von der Kunst, sich selbst zu führen. Witten: SCM R. Brockhaus, 2015, S. 89.

19 a. a.O. S. 90

20 a. a.O. S. 91

21 Ronald L. Koteskey. Before You Get »Home«: Preparing for Reentry. © 2008. ron@missionarycare.com; www.missionarycare.com.

22 Tomas Sjödin. Warum Ruhe unsere Rettung ist. Witten: SCM R. Brockhaus, 2016, S. 60.

23 a. a. O. S. 21-23.

24 Judith S. Wallerstein/Sandra Blakeslee. Gute Ehen. Wie und warum die Liebe bleibt. München: dtv Verlagsgesellschaft mbH & Co. KG, 1998.

25 a. a. O.

26 a. a. O. S. 195

27 Rainer Maria Rilke. Was mich bewegt. Aus: Briefe an einen jungen Dichter. Berlin: Insel Verlag, 2007.

28 Anselm Grün. Verwandlung – eine vergessene Dimension geistlichen Lebens. Ostfildern: Matthias Grünewald Verlag, 6. Auflage, 1997.

29 a. a. O. S. 87

30 a. a. O. S. 92

31 Kees de Kort/Christina Brudereck. Lebensworte, Lebensbilder. Neukirchen-Vluyn: Neukirchener Aussaat, 2013, S. 6.

32 Martin Schleske. Der Klang. Vom unterhörten Sinn des Lebens. München: Kösel Verlag, 6. Auflage, 2012, S. 233.

33 Gekürzte Grafik von Richard K. Streich, zitiert in: Richard K. Streich, Fit for Leadership. Entwicklungsfelder zur Führungspersönlichkeit. Wiesbaden: Springer Gabler, 2013, S. 25. »With permission of Springer«.

Birgit Schilling

Verwandelt

Werden, wie Gott mich gedacht hat

Gebunden, 14 x 21,5 cm, 272 Seiten
Nr. 226.724, ISBN 978-3-4172-6724-2

»Werden, wie Gott mich gedacht hat!« – dieses Thema beschäftigt Birgit Schilling ganz besonders. Sie lässt uns an ihrem eigenen Weg teilhaben und macht durch viele persönliche Beispiele deutlich, wie wir wirklich verwandelt werden können. Ein Weg nach innen, der nach außen wirken wird.

Reinhold Ruthe

Loslassen

Wege zur Gelassenheit

Taschenbuch, 12 x 19 cm, 64 Seiten
Nr. 395.342, ISBN 978-3-7751-5342-3

Alles unter Kontrolle haben. Die Gedanken kreisen und Probleme entstehen im Kopf, bevor sie in der Realität vorhanden sind. Hier ist Loslassen eine große Herausforderung! In praktischen Schritten zeigt Reinhold Ruthe Wege zur Gelassenheit und inneren Harmonie.

Bitte fragen Sie in Ihrer Buchhandlung nach diesen Büchern!
Oder schreiben Sie an: SCM Verlag, D-71087 Holzgerlingen;
E-Mail: info@scm-verlag.de; Internet: www.scm-verlag.de

Was Frauen inspiriert

JOYCE

JOYCE ist eine Freundin, die Frauen in ihrem herausfordernden Alltag zwischen Familie, Beruf und Berufung begleitet. Dazu gehören: Stärkung für den Glauben, Inspiration durch neue Ideen, Ermutigung zum Anpacken – und die Erinnerung, auch sich selbst immer wieder etwas Gutes zu tun.

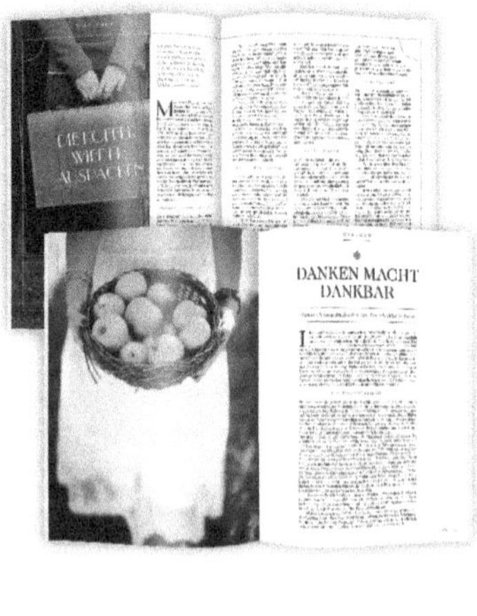

Ein Abonnement (4 Ausgaben im Jahr) erhalten Sie in Ihrer Buchhandlung oder unter:

www.bundes-verlag.net

Deutschland:
Tel.: 02302 93093-910
Fax: 02302 93093-689

Schweiz:
Tel.: 043 288 80-10
Fax: 043 288 80-11

www.joycenet.de · www.joyce.ch

SCM
Bundes-Verlag